国际纳西学译丛

丛书主编◎白庚胜　黄乃镇

么些研究

Les Mo-So:
Ethnographie des Mo-So, leurs religions, leur langue et leur écriture

[法] 雅克·巴克（Jacques Bacot）◎著
宋　军　木艳娟◎译
赵心愚◎审校
和继全　白　郎◎补注

云南大学出版社
YUNNAN UNIVERSITY PRESS

图书在版编目（CIP）数据

么些研究 /（法）雅克·巴克（Jacques Bacot）著；宋军，木艳娟译. —昆明：云南大学出版社，2019
（国际纳西学译丛 / 白庚胜，黄乃镇主编）
ISBN 978-7-5482-3497-5

Ⅰ. ①么… Ⅱ. ①雅… ②宋… ③木… Ⅲ. ①纳西语—语法—方言研究 Ⅳ. ①H257.4

中国版本图书馆CIP数据核字（2018）第198914号

策划编辑：陈　曦
责任编辑：陈　曦
装帧设计：刘　雨

国际纳西学译丛

丛书主编◎白庚胜　黄乃镇

么些研究

Les Mo-So:
Ethnographie des Mo-So, leurs religions, leur langue et leur écriture

［法］雅克·巴克（Jacques Bacot）◎著
宋　军　木艳娟◎译
赵心愚◎审校
和继全　白　郎◎补注

出版发行：云南大学出版社
印　　装：昆明理煋印务有限公司
开　　本：787mm × 1092mm　1/16
印　　张：20.25
字　　数：331千
版　　次：2019年8月第1版
印　　次：2019年8月第1次印刷
书　　号：ISBN 978-7-5482-3497-5
定　　价：80.00元

社　　址：昆明市一二一大街182号（云南大学东陆校区英华园内）
邮　　编：650091
电　　话：（0871）65033244　65031071　65031070
网　　址：http://www.ynup.com
E-mail：market@ynup.com

本书若有印装质量问题，请与印厂联系调换，联系电话：0871-64167045。

域外清风（代序）

白庚胜

我与黄乃镇先生主编的“国际纳西学译丛”将于近日正式出版。此项工程已策划、组织、推进经年，只是苦于经费落实、国际版权交涉、原著及译者选定等具体事务而一直未能瓜熟蒂落。而在这一过程中，云南大学出版社一直支持有加，极具耐心，工作持久、有力，仅陈曦女士与我的联系便不下一二十次。另外，杨杰宏、冯莉两位博士给我的辅助坚强有力，义务承担了大量约稿任务；余海波、木艳娟、段士爱、刘永清等译者的参与支持，黑泽直道、山田勅之等原作者的理解配合，让我深受鼓舞。我自己亦在业余选译若干日本学者有关著作的欢悦中送走了北京的一个个春夏秋冬。当然，对于这套丛书的翻译出版工作“起了个大早却赶了个晚集”，虽有种种原因可以推责，但我还是愧对有关作者、译者、参与者、关注者，毕竟我是组织领导者。

之所以热衷于启动这项工程，我本“无意苦争春”，只是出于对纳西学的责任，并与自己长期在中国社会科学院工作、不断在国际人文社会科学界奔走，且20年来一直担任国际纳西学学会会长相关。前者让我明白自己的使命与责任：纳西学应该拥有国际的视野、人类的情怀，以开放、谦恭的态度吸收国内外有益的学术成果，丰富并推动自身的成长；次者让我懂得建立一个学科、创立一种学术体系，必须有丰富的资料积累，必须洞悉该学科的前世、今生、未来，必须建立起一支强劲的队伍，必须拥有自己的话语体系，必须创立新的行之有效的认知方式，必须搭建起自己的学术平台；末者帮助我广交学界朋友，广纳学术信息，广涉学术领域，即使多次改行、改业，在不同的国家、地区奔走，在不同的单位、岗位工作，也始终“不忘初心”，无私无畏、有品位、有高度地工作，以建立纳西学为天命。

由于时代的原因，纳西学作为一种自觉的学科意识与追求不仅起步迟，而且国内外学者间的联系长期欠沟通，信息欠交流，攻关欠合作。只有在历史进入20世纪80年代以后，这种状况才有所改观：既有大量国内外学者纷至沓来纳西族的故乡研修、考察、参会，也有许多中国人，尤其是纳西族学者、艺术家前往世界各地展示、传播、交流；既有大量论文、论著被翻译发表、出版，也有诸多会议、艺术节、展览举办；既有大量个体性的探索，也有不少群体性的发微阐幽成果出现；既有外国学者在中国纵横捭阖，也有中国学人在海外崭露头角……这些都大大加强了国内外纳西学界的沟通、互鉴、共享，大大推动了纳西学成果量的扩充与质的提升。

不言而喻的是，由于目前国内纳西学学者利用外文的条件及水平普遍有限，而从19世纪下半叶至20世纪80年代的纳西学中心却一直在国外，造成人们对国外相关理论方法比较陌生，对有关学者及其成果认知有限，从而出现如下遗憾：一是不断简单重复别人在几十年前，甚至一百年前的劳动；二是对别人的研究成果缺少有针对性的批评和吸收，难以做学术创新；三是转引某些译文译著时有失鉴别，易以讹传讹；四是缺少对国际纳西学研究的整体把握与动态追踪，常常陷于坐井观天；五是难以在互相了解的基础上与国际纳西学界平等对话；六是无法对全球性纳西学研究进行资料共鉴、信息互通、成果共享、学科共建、人才共育、项目共举。

为了改变这一被动局面，我从20世纪80年代起就开始为改善国内外纳西学界的互相沟通、互相交流做如下工作：一是参加众多国际会议、学术考察，向国际学术界介绍国内纳西学动态；二是组织庆应大学学术代表团、东京艺术大学学术考察团、“中国彝族、纳西族与日本民俗考察团”等赴丽江考察，并出版有关学术成果；三是主持召开国际东巴文化艺术节及第一、二届国际东巴文化艺术研讨会，广泛邀请国外纳西学研究者参会交流；四是与杨福泉先生合作编译《国际东巴文化研究集萃》，首次向国内同人较系统地介绍国际纳西学研究的历史、现状，以及代表性学者的代表性成果；五是独立翻译《日本纳西学论集》，帮助白羲等翻译《西方纳西学论集》，并收入“纳西学丛书”以飨学术同人；六是促成丽江多批次纳西学学者及艺术家巡访法国、瑞士及英国南安普敦、北安普敦等城市做文化艺术交流；七是成功组织日本取手日中友协、山形日中友协在“2·3”大地震后援建丽江文海完小、新文小学、新苗幼儿园；八是促成加拿大渥太华大学人文学院与滇川交界纳西族纳日支系学者建立互访关系，以及在四川成都西南民族大学建立国际母系文化研究中心；九是与国际鹰猎协会合作，帮助其成立丽江鹰猎文化协会及申报“纳西族驯鹰习俗”为省级非物质文化遗产；十是致力于筹建中国东方艺术大学并落户丽江；十一是争取在迪庆州纳西族聚居区建立与英国北安普敦大学艺术设计院合作的皮革设计生产基地；十二是系统翻译山田胜美、西田龙雄、伊藤清司、诹访哲郎、黑泽直道等日本学者的纳西学研究专著；十三是不仅在日本《比较民俗研究》杂志上发表纳西学研究系列文章，而且编纂“纳西文化研究目录”供日本纳西学界参考；十四是在日本筑波大学历史人类学系完成题为《中国云南纳西族的色彩文化》的博士论文并通过答辩，取得文学博士学位……

尽管做了种种努力，但毕竟属于一己之力，比之建设纳西学学科的艰巨任务，我时常羞惭于自己的涉猎面狭小，尤其是对西方及当代国际纳西学研究情况之陌生。于是，我便萌生出组织有关力量，翻译出版一套“国际纳西学译丛”的念想，并于多年前付诸实施，且征集到首批十部著作及其译者，迈开了艰难而又充满希望的脚步。最为感动的是，丽江古城博物馆馆长兼木府博物院院长黄乃镇先生不愧为“纳西族文化英雄”，他在了解到这项工作的非凡意义及所存在的出版经费困难之后，慷慨伸出援手予以资助，并屈就这套丛书的主编；民族出版社千日先生为有关韩文著作的版权让渡提供了最好的帮助；民族出版社汉文室副主任罗焰女士又一次次力助出版，大大加快了这个“初心”的“方得始终”。

其间，我也遭遇到诸多的困扰，如为筹措出版资金而受挫，如为被有些同胞怀疑自己在聚财而苦恼，如为受国际版权约束一再推迟出版而坐卧不安，如为有的著译者提出过高的稿金费尽心机。有的所谓的“纳西学学者”，不过是打着纳西学的幌子行沽名钓誉之实而已。他们从来不关心纳西族的命运，甚至纳西人出于对他们的尊重为他们出书，他们都要斤斤计较。比之孤居丽江28年、将一生奉献给纳西学事业的洛克，他们是那样的渺小……然而，一旦“咬定青山不放松”，我的眼前仍然呈现出“柳暗花明又一村”，纳西学建设的又一项工程终于悄然崛起。而这一切，是在我参与领导全国文艺工作之余完成的。我坚信，只要纳西族及纳西文化还存在，这项工程就会继续下去，并最终成为纳西学金字塔的重要奠基。到那时，“俏也不争春，只把春来报”的我，也就十分乐于“待到山花烂漫时，她在丛中笑”了。

“国际纳西学译丛”将是一个行之久远的系统工程。它以在海外出版的国内外纳西学学术专著为翻译出版对象，首批出版的十人十卷就足以令国际纳西学界刮目相看：一个共熔中外学者在海外出版的纳西学成果于一炉的，系统性、整体性、持久性交流纳西学学术成果的时代已经开始！通过这个行动，国际纳西学界的信息沟通、成果分享、经验交流、人员交往，以及共同探讨、联合攻关都将进入到一个新的境界，提升到一个新的水平。通过这项工程，我多么渴望国内，尤其是纳西族出身的纳西学学者，进一步增强文化自信，忍辱负重，借他山之石以攻玉，为纳西族及其文化的尊严，为中华文化再创辉煌及人类文明不断进步，做出无愧于时代、无愧于祖国、无愧于人民、无愧于祖先的贡献，并勇于对优秀文化遗产做创造性的活化、创新性的发展。

2017 年 12 月 30 日

序　言

我在进行纳西学研究的30多年时间中，深切感到将国外学者研究纳西学的论著翻译为中文的重要性，故在20世纪90年代和白庚胜君合作编译了《国际东巴文化研究集萃》，后来又花费很大精力，致力于洛克(J. C. Francis Rock)的学术巨著《中国西南纳西古王国》的审校和一些部分的重译工作；不久前又组织翻译出版了当代堪称最新的西方纳西学名著《纳西、摩梭民族志——亲属制、仪式、象形文字》一书。2012年，赵心愚教授告诉我，他正敦促学过法语的纳西青年学者宋军、木艳娟翻译法国学者巴克(Jaques Bacot，1877—1967)的纳西学著作《么些研究》，纳西青年学者白郎与和继全参与了审校工作。几经寒暑，经过他们几位青年学人的努力，现在此书中文本已经译出。巴克此书可以说是西方学者研究纳西学的开山之作，看到《纳西、摩梭民族志——亲属制、仪式、象形文字》和《么些研究》这一新一旧两种西方学人的纳西学论著中译本先后面世，我心中感到很欣慰。

西方学者早在19世纪中叶就注意到了远在中国云南边陲的纳西族东巴古籍。1867年，法国传教士德斯古丁斯(Pere Desgodins)将一本11页的东巴经摹写本《高勒趣招魂》从云南寄回巴黎。数年后，吉尔(W. Jill)上尉和梅内斯(Mesney)在丽江旅居时得到了三本真正的东巴经，其中两本被寄回梅内斯在英国泽西(Jersey)的家，一本被寄往大英博物馆。这本东巴经被标以《中国缅甸之间山地祈祷者的象形文稿》的题目。这之后，不断有一些西方的学者、探险家、旅行家、传教士从云南丽江带回东巴经。西方第一篇讨论纳西族象形文字和东巴经的文章，是拉卡帕里尔(Terrien de Lacouperie)于1885年发表的《西藏境内及周围的文字起源》一文。拉卡帕里尔在文章中公开发表了由德斯古丁斯带回西方的第一本纳西东巴经复制本，明确地指出这是么些(纳西)人的象形文手稿。而第一个比较完整地写出一本关于纳西族和东巴经书、东巴象形文字专著的人则是法国学者巴克。

巴克是20世纪中叶西方著名的藏学家，巴克等人所著的《敦煌吐蕃历史文书》和意大利图齐(Giuseppe Tucci)的《西藏画卷》被藏学界视为西方藏学形成的标志性学术名著。巴克曾于20世纪初多次赴西藏、云南、四川等地藏区考察。他在研究藏文化的同时也注意到了独特的纳西东巴文化，进行了实地调研，于1913年出版了《么些研究》一书。此书是西方学者第一本比较全面系统地研究纳西族的专著。全书有217页，书中还附上了法国著名汉学家沙畹(Edouard Chavannes)的长篇论文《有关丽江地区的历史、地理文献研究》；附录部分收图版72幅，人名、地名索引，纳西族分布图等。

《么些研究》一书分为三部分，第一部分题为"人种　宗教"，第二部分题为"语言和文字"，第三部分题为"史地资料"。

巴克体现在《么些研究》一书中的研究特点表现为将历时文献、田野调查和语言文字的考证相结合，常常从调研地原住民的语言、地名入手，比如说到丽江，他指出丽江的藏语名为"三赕"(Sadam，也写作Sa-dam)，么些语名为"衣古"(Ye-gu，也写作Yé-gu)，对他所去过的地方都认真地记录了其土著的地名，十分严谨。我从于他之后长年居住在丽江研究纳西族的洛克的论著中也看到了这种认真地以国际音标等记录和考释地名的做法，与巴克和沙畹的治学方式一脉相承，不仅学风严谨，而且裨益后学。

巴克做的是实地考察调研，所以对纳西人多的聚居地及其周围的环境做了较细的描述。他也讲到了明代纳西人在巴塘、理塘(今属四川省)等地修建的土砌碉楼，并收集了在藏区广为传颂的"丽江王"四郎罗登(一般认为是明代纳西土司木增，在藏区又有"木天王"之别称)派人修建这些土碉楼的传说。巴克在书中还分析比较了东巴经和土司家谱所记载的纳西人的族源。

巴克在书中还对纳西人做了一些初步的体质和外貌的描述及其区域差异比较，并注意到了体质外貌随着社会历史变迁而发生的变化，指出他本人所见到的一些地方的么些人的外貌已非原来的么些（纳西人），但还能明显看得出么些人与藏族人等的区别。从中可看得出，他重视随时空变化和民族融合等因素而发生变化的民族体貌特征，从这一点上也看得出他治学严谨之一面。

巴克对纳西人衣食住行习俗的描述是结合文献记载（比如《南诏野史》等），及自己去过的不同地区纳西人的习俗而做的记录，他的这本著作汇集了不少难得的民族志资料。他的有些记载很有意思，比如说到当时的纳西人抗拒接受基督教，他指出，从传教士进入纳西人中传教时起，到他到丽江时，已有60年时间，但纳西人中从未出现过一个基督徒，传教士们因此也很恼火。记得1920年到丽江进行长期调研的美国学者洛克以及在抗日战争期间在丽江居留八年的顾彼得（Peter Goullart）也曾写过纳西人很少有人愿意信奉基督教、天主教的情况，应该说巴克是最早记录这个状况的西方学者。巴克通过调研指出，当时纳西人保留下来的为数不多的核心传统是受外界影响较小的语言、文字、宗教和丧葬习俗，同时，他们也不排斥汉族、藏族的同类习俗。他客观地记录了纳西人一直保持下来的兼容并包汉族、藏族等外来文化的习俗在20世纪初的状态，及他们为什么拒斥基督教和天主教；但是与此同时，移民到藏区（西藏芒康县盐井乡和云南德钦县燕门乡茨中村等地）的纳西人则在19世纪末20世纪初逐渐接受了天主教。这种区域的差异及其历史文化原因，是值得我们深入探究的。

巴克也是西方学者中最早实地分析东巴教仪式及其神话传说的学者，他在考察中就已敏锐地观察到了纳西人信仰中东巴教、藏传佛教、萨满教巫术（指纳西民间的“桑尼”或“桑帕”巫文化）并存的情况，并已经注意到了本教和藏传佛教对纳西东巴教的影响。但他指出，纳西人对外来的宗教采取的是兼收并蓄而非全盘接受的态度。巴克也敏锐地注意到了纳西人突出的对“天”（蒙）的崇拜和大自然崇拜，他结合自己在中甸县（今香格里拉市）三坝乡白地的调查，认真分析了东巴教祖师丁巴什罗与本教祖师辛饶米沃之间的关系。他在维西县的叶枝（今叶枝镇）调研得较多，并请叶枝纳西土司的东巴翻译了根据口传资料整理的纳西东巴教祖师丁巴什罗的传说，包括他用计镇压女怪西摩（在丽江等地的东巴经中，这个女怪名斯咪玛左古松玛）的传奇故事。

巴克也记载了纳西人的丧葬习俗。他对维西县叶枝一带的丧葬习俗考察得比较细，他在那里见到了比较普遍的火葬习俗，这和丽江等地从1723年“改土归流”后被朝廷派来的流官强制性移风易俗而逐渐推广的纳西土葬习俗形成鲜明的对比。这说明20世纪初，在一些远离汉文化中心的纳西地区，火葬还比较普遍地保留着，这一点我们可以从记载香格里拉市三坝乡的白地、玉龙县塔城乡等地直至当代依然保留着火葬习俗的民族志资料中得到佐证。

巴克《么些研究》第二部分是“语言和文字”，他的词汇也主要采自维西县叶枝的纳西人中，据他在书中说，是根据纳西叶枝王（土司）的首席东巴口述而记录的。这一部分应该说是巴克全书最有价值的部分，可以说是国际上对纳西族的语言文字进行现代语言学研究的开创之作。他在这部分中的语法和词汇分析分为口语、词汇和语法及语法注释。他在书中归纳了纳西语的音位系统；词汇部分则采用列表对照的形式，将国际音标记录的纳西语语词与法文注释一一对照列出，并列出25张图表，所收纳西语词达1 000多个，并列出了纳西语从一到一万的数词序列表，以及纳西族传统的十二生肖轮回周期表。

第二部分的“语法注释”一章，先对纳西语冠词、名词、动词、形容词、代词、副词的功能做了分析，然后对动词的时态、语态、句法结构功能等做了详细的分析，且都一一举例句说明，十分严谨。在该部分“文字”一章中，巴克对纳西象形文字（斯究鲁究）和音节文字（哥巴文）的性质和结构体系做了深入的分析，并采用列表对照的方式，将象形文字、音节文字、国际音标记录的文字音值、法文解释等逐个划栏列出。这一文字对照系统收录了370多个东巴象形文字字符，近400个音节文字（哥巴文），是国内外首次对纳西东巴象形文字和音节文字做的比较系统的研究。巴克在书中还指出，纳西象形文字包括两种字，一种是图画字，一种是表意字。他的研究可以说开了用文字学的理论来探究东巴文字的先河。

巴克在《么些研究》中还对他收集到的东巴经《丁巴什罗的传说》的4页做了逐字逐句的注音解读，并对经书内容做了详细的解读和翻译。观察《么些研究》一书对东巴经的解读和翻译，巴克所用的这种“四对照”方式有些类似目前国内学术界普遍使用的“四对照”译释东巴经的方式，从时间上看，巴克应该算是用这种方式最早的一个。他用的“四对照”释读方式是：首先将经文中的字符逐个标上词意，然后将原文每个字符用国际音标注音，并用法文直译出原文内容，最后以篇章段落为单位译出经文内容。

《么些研究》一书的第三部分是“史地资料”，除文字资料之外，还收录了20多张难得的照片，内容包括：今香格里拉市三坝乡白地村的纳西人、金沙江边“革囊渡江”的纳西船夫、维西县澜沧江边的纳西妇女和僧人、藏化了的纳西人、纳西人的头饰和妇女羊皮披肩、金银和绿松石、珊瑚等装饰的饰针和耳环、丽江纳西族民居、丽江四方街街市、中甸白地纳西族男子服饰、丽江纳西族男女服饰、金沙江边纳西族筏子客用羊皮革囊渡江的场景、丽江纳西族村寨、金沙江畔纳西淘金人的淘金劳作场面、丽江府流官、丽江地区藏传佛教噶玛噶举寺院及僧侣图像、丽江一带其他少数民族的人物图像、丽江纳西族妇女的羊皮披肩、纳西东巴教的绘着大鹏鸟(修曲)、东巴教祖师丁巴神罗等的卷轴画、纳西东巴经经书、鸡足山寺庙群落等。

巴克在第一部分的说明中写道：“么些王的后裔在丽江把《木氏宦谱》提供给我参考，书中明确记载了自公元618年起么些在中国历史中的地位。沙畹先生很乐意翻译此书并进行述评。我对他为研究这些资料获得的珍贵成果和付出的艰辛劳动表示衷心感谢。这些成果发表在《通报》(*T'oung Pao*)第十三卷中，成为本书的第三部分。”

沙畹在这部分中对丽江及其迤西地区的历史、民族关系、行政区划沿革做了非常认真的考证，旁征博引，引用大量的汉文古籍史料以及一些西方学者的研究成果来进行考证和释读。他对《木氏宦谱》所下的功夫很深，有不少独到的见解，比如他敏锐地指出了反映在《木氏宦谱》中的父子连名制等西南不少民族都有的习俗。

沙畹在文中对开明好学、广采博纳的纳西族木氏土司给予了很高的评价，他写道：“如果认为木氏家族是没有教养的野蛮人，那显然错了。他们对优秀宗教，例如对佛教的虔诚；石鼓碑文上反映出他们对汉语言文学的掌握；他们有成功顺应不同朝代的灵活外交手段。这些都让我们觉得木氏是西南地区土官中最文明开化的家族之一。”

沙畹也意识到诸如木氏土司这样的少数民族世袭土司的家族史资料对

研究云南地方史的重要意义，他在文中说："这种血脉的延续是引起我们重视其历史的一个重要因素。南诏国与大理国足以让我们追溯云南五百年的历史。此后，在貌似统一的中国行政统治下，我们似乎只能看到各个分散的部族。现在，一切更加明朗，我们发现当地原住家族比我们想象的更加稳固。或许他们已经失去了昔日的辉煌，但仍然存在。通过追溯他们的家谱，可以看到他们的角色愈发清晰、愈发重要。这些家族是编织历史脉络的主线。在中原、西藏地区以及中缅边境，各民族混杂、动荡不安，类似《木氏宦谱》这样的编年史如同过去黑暗的历史中出现的一线光明。"

沙畹此文中还有一部分专述"路线指南"，共描述了7条当时人们走滇川藏的路线。第一条是巴克一行走过的路线，记录了22天走过的行程和沿途地名，是山川自然、人文地理考察的珍贵资料；其他6条路线也一一标注路线行程地名，是难得的关于滇川藏"路"的实录，对后人研究"茶马古道""藏彝走廊"等民族交流和迁徙的路线而言，沙畹此文弥足珍贵。

沙畹对巴克带回来的《木氏宦谱》旁征博引各种史料，进行了详细严谨的翻译、注释和分析考证，从中可见他对汉文古籍史料和各种汉学典籍的娴熟。他还援引翻译注释了记录木氏土司事迹的《明史》(卷三百十四)。沙畹还在文中列专章讨论了丽江石鼓碣铭文及相关历史。丽江石鼓碣又称"丽江石鼓木氏纪功刻辞"，碑上有阴刻《大功大胜克捷记》等4篇诗文，现有不同时期拓印的拓片存世，但国内现存的拓片中没有一块是完整无缺的，比如方国瑜先生存的拓本就缺38字①，而沙畹所录的石鼓碣铭文拓片是19世纪末所拓，当时此碑铭文尚未有严重毁损，铭文的内容得到完整留存。沙畹在文中设专门图版刊布这一铭文，使后人能完整准确地利用铭文内容。洛克后来在其著作《中国西南古纳西王国》一书中，也曾把此碑铭文翻译为英文。

总之，巴克的这本学术著作无论从其丰富的图文内容看，还是从他对前人成果的旁征博引看，都是一部很严谨的西方学者研究纳西学的开山力作。该书的出版，结束了当时西方学者对纳西族的介绍比较零星、缺乏系

① 木仕华：《十九世纪末至二十世纪初西方关于纳西文化研究的述评》，《云南民族学院学报(哲学社会科学版)》1999年第1期。

统性的局面，《么些研究》标志着西方学者的纳西学研究开始进入比较系统化的阶段，为20世纪20年代初洛克等学者全方位研究纳西学铺垫了很好的基础。我在20世纪90年代审校洛克的《中国西南古纳西王国》一书时，在书中多次看到洛克对巴克在《么些研究》一书中所记录的一些地名、人名以及区域里程等的纠误和评论，这说明洛克是非常认真地研读过巴克这本专著的，该书对他后来的丽江和纳西学研究有过深刻的影响。

《么些研究》一书所论述的内容都基于作者在丽江纳西族地区进行田野调查而获得的资料，而且有大量的实录图片，图文互证互补。巴克以其藏学功力看出了纳西族的宗教、文化与藏族历史文化之间的密切联系，并在《么些研究》中做了初步的探讨，他的这一研究成果，拓宽了藏学和纳西学研究的视野，也使国际藏学界进一步关注纳西族和东巴教，包括图齐、石泰安等后来的西方著名藏学家，都在他们的研究中涉猎纳西学，并对东巴教文化的意义给予了很高的评价。巴克先生等先驱在这个领域里的开拓功劳，是我们应该铭记在心的。

《么些研究》中文本的问世，既为我国学术界展示了国际纳西学的开山之作，也向国际学术界展示了我国学界对国外纳西学的关注度在不断增加，这是从事纳西学研究的同人们最欣慰的。

谨此为序，愿国内外纳西学的研究获得更多的成果。

杨福泉

2013年8月8日于昆明

《么些研究》汉译本序

《么些研究》(*Les MO-SO*)是西方学者第一部较全面介绍并系统地研究中国纳西族及其历史文化的学术著作。此书著者法国人巴克(Jaques Bacot, 1877—1967),是西方著名藏学家,尽管其藏学名著《西藏史导论》及译著《敦煌本吐蕃历史文书》等出版稍后,但著《么些研究》一书时,其在藏学研究方面已有相当成就。

《么些研究》于1913年正式出版之后,在西方和中国都产生了一定的学术影响,而且这种影响一直持续到现在。西方学者对此书较早的关注与重视,我们可以从稍后西方研究中国纳西族的代表人物美籍奥地利人洛克(J. C. Francis Rock, 1884—1962)的名著《中国西南古纳西王国》一书中看到。洛克在其著作中,多次提到了巴克及其著的《么些研究》,尽管对巴克书中的一些内容及一些解释提出了不同看法,甚至直截了当地指出了巴克对丽江木氏土司家族另一部更为完备的《木氏宦谱》的存在竟"毫无所知",但这证明了洛克在其研究和写作中曾仔细阅读了《么些研究》,对书中的内容十分熟悉。几十年后,《么些研究》的影响在西方也仍然存在。从20世纪60年代起研究纳西族文化的西方研究中国纳西族的新代表人物,英国爱丁堡大学社会人类学教授杰克逊(Anthony Jackson),曾在其《纳西族研究的过去、现在和未来》一文中对巴克的纳西族研究及《么些研究》一书做了较详细的介绍与评论。从其字里行间,可看出杰克逊对《么些研究》的内容不仅认真阅读,而且有过全面的研究。

由于缺乏明确的记载,《么些研究》一书1913年在荷兰莱顿出版后,于何年传入中国已不可详考,但从方国瑜先生在《纳西象形文字谱·弁言》及董作宾先生在《从么些文看甲骨文》中所言来看,这部西方学术专著至少在20世纪20年代就已传入中国了。这一推测应无大误。此书传入中国后，很快就引起刘半农先生等中国著名学者的注意，也启发影响中国相关学者以现代科学方法去调查研究纳西族古老文字。在刘半农先生等学者的推动与支持下，杨仲鸿先生与方国瑜先生在20世纪30年代及稍后先后开展研究，并完成了纳西族东巴文、哥巴文字典书稿，陶云逵、李霖灿、吴泽霖等先生对纳西族宗教文化、语言文字及社会组织等进行调查，并撰写了研究论文。应当指出，巴克的这部著作自传入中国后，在中国的影响可谓持续不断，即使是在20世纪六七十年代那样的形势下，其影响也依然存在。中国改革开放后，这部西方学术专著随着纳西族及其历史文化研究的大发展而又受到国内更多学者的关注。世纪之交，纳西族青年学者木仕华在其《十九世纪末至二十世纪初西方关于纳西文化研究的述评》一文中，对巴克及《么些研究》做了全面介绍和新的实事求是的评价。能做这样的全面介绍与新的评论，反映出木仕华对这部学术专著的关注、重视和有着较深入的研究。

改革开放以来，在对纳西族历史文化的研究中提及《么些研究》一书的论著很多，但这部西方学术专著的全部内容，国内许多研究者难有机会看到。笔者十多年前撰写《纳西族与藏族历史关系研究》一文时，也只是从有关介绍中读到其书的部分内容。获得《么些研究》法文版后，我才有机会看到全书内容，仅读了其中一部分，已发现有的地方与原先看到的相关介绍有所不同。云南民族大学副教授宋军、纳西族青年教师木艳娟将全书译为汉文后，借审阅机会，我认真读了这部学术专著的全部内容，感到此书的内容十分丰富，实际上涉及纳西族及其历史文化的诸多方面。我认为，这部学术专著具有这样几个值得注意的特点：

其一，书中的材料多为巴克在丽江等地实地调查所得。在巴克赴丽江调查之前，法国传教士 A. 德斯戈丁斯早在1867年就将一本东巴经寄回巴黎，并在之后发表了相关论文。在此之后，更多的东巴经书被西方赴云南的探险家、传教士及学者带回国，相关的学术研究成果也不断出现，其中，以法国学者 T. 拉考伯尼尔的《西藏境内及周围的文字起源》影响较大。巴克对纳西研究感兴趣可能受到这些成果一定的影响，但他并没有只是利用在西方可看到的材料及分析西方学者已发表的成果来撰写《么些研究》一书，而是于1907年、1909年两次赴丽江等地实地考察，既亲临其地了解东巴象形文字，也了解对于西方人来讲显得十分陌生的纳西族历史、民俗、生活环境及与周围民族的关系等等，力求掌握更多的第一手材料。在这样的基础上，巴克通过开展相关研究才写成《么些研究》一书。因此，书中材料的多方面性与可靠性是此书的一大特点。这使此书不同于西方当时已有的相关成果，也使此书具有了值得注意的价值。

其二，巴克是20世纪前半期西方著名的藏学家。20世纪初，其藏学研究已有一定学术影响，在其亲赴丽江等地实地考察纳西族及其历史文化的前后，他也多次到西藏及云南、四川藏区进行实地考察。换言之，巴克是在研究西藏历史、藏族文化的同时开展纳西族及其历史文化研究的。因此，在《么些研究》一书中，我们可以看到著者常用比较视角观察分析纳西族及其文化与藏文化的异同，关于纳西族东巴教，甚至地名、人名等，书中都有不少比较式的讨论及结论。将纳西族文化与藏文化进行比较，注意藏文化对纳西文化的影响，这应是巴克这部著作的一个值得指出的特点。巴克将纳西文化置于一个更大的范围内和背景下进行分析，可能与之前T.拉考伯尼尔等发表的相关成果的影响有关，但更多的则是与其学术视野与研究方法注意不同文化间的相互联系有关。这也使此书不同于西方当时已有的一些纳西文化研究成果，使其在纳西族与藏族历史关系研究中，也具有了值得重视的价值。

其三，《么些研究》一书全书有200多页，由三部分内容组成，第一部分为“人种　宗教”，第二部分为“语言与文字”，第三部分为“史地资料”。在第三部分中，除了文字方面的资料外，还有多幅反映纳西族社会生活多个方面及村寨的照片，并收录了法国著名学者沙畹(Edouard Chavannes)的长篇论文《有关丽江史地的文献》。需要说明的是，沙畹撰此文依据的主要材料，与巴克赴丽江等地实地调查也有关。不论从此书这几部分的标题，还是从全书的内容来看，《么些研究》并不是一本只研究纳西族东巴经和东巴字的学术著作，更不只是一部字典，其内容实际上涉及纳西族的历史、地理环境、社会组织、宗教、民俗、语言、文字及与周围民族关系等，甚至还论及纳西族的体质特征、婚姻道德等。书中关于纳西族东巴教及语言、文字的内容的确比较多，也是其重点，但决不能将其视为一部只研究纳西族东巴经和东巴字的学术著作，更不能将其视为一部字典。全书内容所反映出的纳西族及其历史文化研究的全面性与系统性，是此书值得注意的又一特点，也使此书具有之前西方相关研究难与其比肩的价值。

当然，实事求是地讲，巴克所著《么些研究》也存在一些不足之处。由于实地考察时间短，加上语言不通等问题与困难，书中还有一些明显的错误；其研究的方法也有不妥当的地方。对于此书存在的不足与错误，洛克与刘半农、董作宾、闻宥、李霖灿等学者已指出很多，这里不再一一举例。需要强调的是，《么些研究》是国际上系统全面研究纳西族历史文化的开创性著作，不仅为之后这一方面的研究奠定了基础，而且有着长期持续的影响。因此，对这部20世纪初出版的具有不少特点的学术专著，我们应实事求是地、历史地进行评价。

《么些研究》汉译本完成于2013年，距此书的出版已有百年。百年来，我们欣喜地看到，国际纳西学的研究已有巨大发展，取得的学术成果也令人瞩目。《么些研究》汉译本的出版，将是对巴克先生的探索精神及此书出版百年的最好纪念！

再读译稿，有所思也有所想，择要道出，以为序。

赵心愚

2013年11月于西南民族大学

序[1]

么些[2]是中国南部的一种少数民族，过去虽未成为专门的研究对象，但被许多游客遇见并描述过。1908 年 8 月 28 日，高尔蒂耶(Cordier)先生在古典文学和碑文学会宣读了他的论文，文中他总结了前人对么些部族的所有研究成果。这些成果敦促本人完成此专著，本人也将在后文中进行援引。此处仅列举作者姓名，不再展开赘述。他们是：勃莱费(Playfair)、宋嘉铭(C. Sainson)、弗兰西·卡尔涅(Francis Garnier)、库柏(Cooper)、德斯高丹[3](Desgodins)、巴伯(Baber)、亨利·德·奥尔良(Henri d'Orléans)、理查德(Richard)、玛德罗尔(Madrolle)、蒙柏哈(Montpeyrat)、庄士敦(Johnston)、戴里安·德·拉古伯里[4](Terrien de Lacouperie)、鲍楠(Bonin)。应高尔蒂耶先生表达自己遗漏的歉意，我很荣幸在此补上皮埃尔·勒菲乌-蓬达(Pierre Lefèvre-Pontalis)的名字。此外，鲍楠先生在其新作《雪之王国(喜马拉雅王国)》中还提到了 M. H. R. 戴维斯(M. H. R. Davies)、P. 蒙贝(P. Mombeig)和 G. 苏利(G. Soulié)，他们的作品是继高尔蒂耶先生之后的研究成果。最后还要加上德·奥洛纳少校(Commandant d'Ollone)的名字，他近期发表的作品中有三个是关于么些词汇的。

么些人零星地分布在中国西部和印度支那半岛[5]，我在研究中将通过不同的资料来源确定这个小族群的居住情况和文化现状。一些旅行者带回的词汇表和手稿将为丰富本书内容提供对比材料和词汇补充。

---

① 译注：此部分在原书中无标题。为方便阅读，译者添加了标题。

② 和继全补注：么些，通常也作麽些、麼些等，指分布在中国西南以“纳”自称，具有共同文化根脉的族群，包括纳西、纳罕、拉若、摩梭、纳木依等支系，主体为今纳西族，部分识别为蒙古族、藏族等。

③ 译法：也译作德斯古斯丁、德斯戈丁斯。

④ 译注：也译作拉卡帕里尔、拉考伯尼尔。

⑤ 和继全补注：作者识别有误，么些人在印度半岛没有分布。

我希望借么些语的一些入门知识来寻找解决中国少数民族问题的又一途径。因此，我花了数月在么些地区研究他们的语言和两种文字系统。这两种文字系统和大部分词汇确实是其特有的，但句法却完全符合藏语句法，说明么些与藏缅族群有关联。

么些王的后裔在丽江把《木氏宦谱》提供给我参考，书中明确记载了自公元618年起么些在中国历史中的地位。沙畹先生很乐意翻译此书并进行评述。我对他为研究这些资料获得的珍贵成果和付出的艰辛劳动表示衷心感谢。这些成果发表在《通报》[①](*T' oung pao*)第十三卷中，成为本书的第三部分。

① 译注：《通报》是创刊于1890年的国际汉学杂志。

目　录
Contents

① 译注：本目录中宋体字部分在原书目录中不存在，译者为方便阅读添加。

第三部分　史地资料

第一部分
人种　宗教

第一章　人　种

丽江府（Li-kiang fou）位于云南（Yun-nan）西北部，藏语名“三赕”（Sa-dam），么些语称“衣古”（Yé-gu）。它在历史上一直是么些人（No-so）的首府，如今依然是他们最重要的政治文化中心。么些王的后裔一直是当地的首脑，也称“土司”（T'ou-sseu），以协助中央行使管辖。

尽管云南所有的城镇都被齿轮状的城墙所环绕，呈现出同一种鞑靼建筑风格，但丽江城除规模宏大外，还显现出么些自身的特色：甲壳似的屋顶无序，整个城镇却紧凑地依宽阔的山脊而建，并且不仅仅局限于山间，而且一直向河流纵横的平原延伸，并在那里建起人口稠密的集市。

丽江盆地位于长江或称为金沙江（Kin-cha-kiang）的江湾口。狭长的河谷夹在两山之间，向北缓慢而规则地延伸了 20 千米。其中，西面山上雪峰林立，高出峡谷① 2 000 米。这片广阔的区域气候宜人、四季如春，景色壮丽迷人。这里既非西藏的气候，也非内陆腹地的气候，而应该说是兼而有之，因为西藏的冰川和内陆的温暖在此互为交融。

么些人并未向丽江的南边延伸太远，他们沿小路步行一天就能到大理 3
府（Ta-li-fou）。这条东边小路上的人们不讲么些语，而讲民家语（Minkia）②；而西边大路上的居民虽也是民家人（Minkias），但一般说汉语。么些和民家这两个民族并非完全相异，但我们对他们之间的关系尚不了解，故民家人将不纳入本书的研究之中。

我们可以在更南端的印度支那半岛找到么些人。据戴里安·德·拉古

---

① 和继全补注：此处应是北面，玉龙雪山在丽江之北面。

② 和继全补注：指白语，下文民家人指白族。

伯里(Terrien de Lacouperie)所述，在老挝的勐林(Muong Lim)地区，么些人以“缪茨”(Mu-tse)和“缪旭”(Musurs)为名。而蒙柏哈先生则称之为“木瑟”(Mousseux)。这些么些人从北纬24°到27°的区域，即大理和丽江西边的澜沧江(Mékong)①和怒江(Salouen)②之间，迁到印度支那半岛已有两代人(回民起义时期)。根据玛德罗尔(Madrolle)先生的说法，迁移的么些人在普洱(Pou-heul)做过短暂停留；而蒙柏哈先生则认为，他们曾在勐满(Muong-men)附近地区逗留。“但他们在那里依然无法平静地生活。回民起义的影响持续不断，他们只有离开勐满，离开中国境内，定居到缅掸联邦(Shans-Birmans)的勐连(Moung-liēm)。

“他们在勐连滞留数年，但这个国家经久不息的动荡和当地统治者的贪得无厌，只好让‘木瑟’决定到老挝地区去寻找在国内和掸邦国家③都找不到的平静。”(蒙柏哈)

印度支那半岛的么些人是移民。他们曾居住过的勐满则仅仅是一个临时的偶然的居住点。

让我们将话题转回丽江么些人口聚居最密集的地方，然后北上，尤其是向西北方向延伸，直达他们的发源地。

4 在北部和东北部，么些人居住在长江江湾内，但他们和雅砻江流域的傈僳(Lissous)④慢慢混杂后到了宁远府(Ning-Yuen-fou)⑤，直到被倮倮(Lolos)⑥融合。

在丽江，么些人真正的家园在金沙江江湾上游河谷直到中甸(Tchong-tien)⑦。整个河谷被江水环绕，而南边的石鼓(Che-kou)正好地处江湾转角

① 译注：此处法文原文为“Mékong”，即湄公河，在中国境内称为澜沧江。为方便读者，“Mékong”全部翻译为“澜沧江”，后文不复加注。

② 译注：此处法文原文为“Salouen”，即萨尔温江，在中国境内称为怒江。为方便读者，“Salouen”全部翻译为“怒江”，后文不复加注。

③ 译注：即今缅甸掸邦。

④ 巴伯(Baber)认为，傈僳是盐源(Yen Yuen)的主要居民，而庄士敦(Johnston)则认为他们是永宁(Youn-Ning)的主要居民。

⑤ 译注：原书中也拼写为“Ning-yuan”，中文统一译为“宁远府”。本书中一词多种拼写的情况较多，不再一一说明。和继全补注：今凉山州西昌一带。

⑥ 和继全补注：过去对彝族的他称。

⑦ 和继全补注：今香格里拉市。

处。这整片区域呈西北走向，包括流经维西（Oui-si）①的金沙江和澜沧江片区，而澜沧江河谷一带一直延伸到北纬 28°，包括叶枝（Yé-tche）在内。过了北纬 28°，澜沧江流域的么些村寨和藏族村寨交错延伸到雅卡洛（Yerkalo）②。我们在金沙江和澜沧江之间的山脉中还发现了傈僳人。他们应该是这些河谷地区的原住民，后来才退守深山抵御么些人的入侵。

1907 到 1908 年，我纵横穿越了这整片区域。历经春、秋、冬季，但我没有记录下可与我们的气候做对比的温差变化。么些人居住的澜沧江河谷，北端大都是海拔五六千米的贫瘠土地，而南端相对肥沃。这一区域的么些人口密集，与之混居的藏族人较少。位于同一海拔的金沙江河谷较澜沧江河谷更广阔，气候更炎热，物产也更丰富，是内陆腹地和西藏的过渡区域。

1907 年，我仅仅知道白地（Bedjri）的存在，但无法确认其准确的位置。我一直努力寻找，终于在 1910 年找到这一么些圣域。在行政上，它隶属 5
中甸藏区。前往白地的路途艰险，要么从北边的中甸进入，要么从南边沿金沙江江湾取道中甸东南方向进入。

我们在后文中还将提到白地。通往白地的道路保留着藏区道路的自然原始风格。那里，金沙江面突然变窄，奔涌入海拔 2 000 米的峡谷。道路就在峡谷高处，我们可以在那里看到金沙江奔流而下形成的无法计算高度的瀑布。风出奇地强劲，给险峻的路又增添几分危险。

在北纬 31°以上的打箭炉（Ta-tsien-lou）③西北，我遇到过几个么些人。他们来自从炉霍（Tchangou）④到松潘厅（Song-p'an-tin）⑤的高原，和西番人（Sifan）⑥杂居在一起。西番也是离么些发源地最近的一个族群。我在 1908 年对北部么些人的描述如下⑦：

---

① 译注：书中也拼写为"Wei-si""Wei si""Oui-si""Oui si"等，均译为"维西"。本书中一词多种拼写的情况较多，后不再逐一说明。

② 白郎补注：今西藏盐井。

③ 译注：今康定。

④ 译注：今炉霍县。

⑤ 译注：今松潘县。

⑥ 和继全补注：在云南识别为普米族，在四川识别为藏族支系。

⑦ 《巴黎人类学会学报》1908 年 6 月 4 日刊。

> 么些人在北部的雅卡洛到巴塘(Ba-tang)，甚至是巴塘到理塘(Li-tang)一带都留下了他们的足迹，这里还能看到一些土砌碉楼的废墟。这些碉楼建造精良，足以对抗持续的风霜侵袭。我只收集到关于碉楼的一个传说。丽江王四郎罗登(Sénaroté)①骁勇善战，曾派一个叫阿古莫(Agoumo)的部下来到巴塘。当时，这里荒无人烟，阿古莫便撒了一把绣花针。针一落地，就变成了工匠，每天沿路建一个碉楼。

位于理塘境内高高的碉楼用石头砌成，剖面是一个突出的八角星形。我在理塘南边的贡嘎岭(Congkaling)一带，也就是么些人现在居住区域的边地看到过这样一个碉楼。人们认为，这些碉楼由西番人所建。因此，重
6 要的是要弄清北部的西番和南部的么些是否同指一个族群。

么些人的传统中并未详述他们从北向南的迁移过程。根据丽江王的家谱，相传其第一代祖先来自蒙古；而依据我在当地请人现场翻译的么些象形文字资料看，他们当来自西藏。但是，这两份资料都以同样神奇的方式记载了当时年幼的王子骑着一截树干从中亚干涸的湖泊和昆仑山(Kouen-loun)一路沿金沙江南下的内容。

此后，么些和他们周边的汉、民家、藏、西番、倮倮、傈僳杂居在一起。直到汉族最近一次对西藏东部的征战②，么些人还与叶枝王管辖下的怒江流域潞子(Loutzes)，或称怒子(Lout-zes)③有联系。

外貌描述

么些人的身体特征和周边杂居的民族并无特殊差异。蒙柏哈所观察到的老挝么些人则“身材修长，个头较高，皮肤较白，颧骨略显，鼻型很好，不塌陷，黑色的大眼睛，没有蒙古褶，眼神温和，嘴巴小，颌骨不像汉族

① 译注：木氏十九世知府木增，藏族称之为“舶萨当杰布”，名字叫四郎罗登。

② 译注：具体所指无法查证，译者按原文翻译。

③ 译注：今怒族。

人那么伸展。女性的身材同样修长，比起老挝女子的身材更苗条”。

这个描述与奥洛纳少校（Commandant d'Ollone）对在宁远府首府德昌（Té-tch'ang）①所见到的么些并无二致：“根据我两次途经那里的所见来判断，么些是一个优秀的民族，比倮倮人更高，大多数男性身高两米，他们的线条十分鲜明，完全像波西米亚人。”②

1906 年，庄士敦（Johnston）先生从北向南穿越了么些人居住的丽江与 7
宁远府之间的区域，但他并未对么些人的外形特征做任何描述，只提到他们齐心协力顽强抵抗傈僳人和倮倮人。

我在丽江西部和北部所观察到的么些人，尤其是与外界隔绝的白地么些人，他们身材修长，个头不高，面貌奇特（见插页二图 3、4、5），与汉、藏族差异都很大，比倮倮面相柔和。而西面金沙江和澜沧江河谷的么些人则和周边的人差异越来越小，以至于很多记述过么些人的旅者如巴伯（Baber）、亨利·德·奥尔良都未对其外貌做任何描述。

1907 年，我对该区域的 6 个不同族群共 63 位居民做过身体测定，其中 11 名是么些人，但因其样本太少而无法获得什么有价值的成果。身体测定结果，发现同一族群内部有很大的个体差异，而不同族群间的平均相似度又非常高。我们只好总结说这是族群融合的结果，或认为这些族群同源，利用人类学种种方法去探究云南土著族群问题已经为时过晚。这些族群眼睛的颜色、肤色和藏族无异，而头发的浓密程度则差异明显。中国南部少数民族间的语言差异，不仅无法让问题明朗化，反而还更易于使其永远悬而未决。

我不想对么些人的体貌特征做任何评述。因为这种方式无法让人去辨认出一个么些人，将许多差异很大的个体描述应用到整个族群上也不现实。我们在此引用德斯高丹（Desgodins）神甫的描述，以证实蒙柏哈的说法
和那些照片：“他们的身体线条已经发生变化，不再是原来的么些人。然 8
而，我们依然能通过一些特征辨认出他们：比起藏族人，么些人的额头更低，鹰钩鼻更高，上下颌骨间距较小，下巴更扁平。”

① 译注：据查宁远府首府为西昌，德昌则离西昌约 60 千米，译者保留原书表述。

② 奥洛纳少校《最后的原始部落》。

服　饰

《南诏野史》(Nan-Tchao Ye-che)对古代么些人的服饰打扮描述如下："男性剪平头，戴无边软帽①，穿高领土布上衣。女性挽高高的发髻，戴表面有黑色光泽的无边尖角软帽，穿短上衣和一袭长裙。"除了发型外，他们现在仍保留过去的打扮。男人现在更多的是辫发包头。汉地么些人的包头一般为黑色，白地为白色，藏族为红色。丽江女人的发髻繁复得难以用言语形容，需要使用一些特别的饰品如曲形发夹和别针。

在澜沧江流域的叶枝和康普(Kampou)，么些女人们头上戴着一种很重的饰品：镶有银钉的红色皮质发带上有些雕花的圆片，两个大空心球环绕脸颊，让人觉得戴着很大的耳环(见插页十一图23)；年轻女性只有一条简单的红色发带；男性服装和汉族农民服装相差无几，但是用白布绑腿带；女性服装由一条非常重的百褶短裙和一件宽松笔直的红色羊毛开襟短上衣组成。在丽江，她们穿长裤和盖过臀部的宽松束腰上衣，还披一件饰有汉式绦带的山羊皮②披肩。

食　物

么些人的食物有时是藏式食品——小麦、玉米、黄油、坚果，有时是
9 汉式食品——米饭、鱼肉、猪肉和蔬菜。他们的一道特色菜肴是油炸蕨菜芽。他们上山收集这些新长出的弯弯的蕨菜嫩芽，然后在油锅中煎炸，储备到冬天食用。他们也做一种毒茶，但这种茶会导致一些神经系统的病变，长期饮用会像鸦片一样上瘾。这种茶要焙烘，接着在小罐子里煮沸几个小时，熬出一种浓浓的褐色液体，然后倒入一个极小的罐子里饮用，也

① 原型来自鸡足山(Ki-tsou-chan)受人尊敬的么些王塑像，与印度袄教的无边软帽相似。现在更多的么些人穿有腰带的白布短袍。

② 和继全补注：疑为"绵羊皮"之误。

可以加入沸水稀释后饮用。

在丽江，么些人酿制的小麦酒在整个云南都远近闻名。

马可·波罗(Marco Polo)说么些人吃生肉，这并不奇怪。因为这种饮食方式在么些人的发源地蒙古和西藏都仍有保留。

风 俗

说到么些人的制度和习俗，我们不可能掌握所有的细节。没有自己领土的么些人向西藏和内陆地区进发，既在与周边民族融合的过程中适应了他们的社会生活，也丢失了自己的特点。么些人只在内部通婚，以保持自己人种的纯正。但是，他们在汉族地区遵循汉族的婚俗，在藏区按照藏族的习惯操办婚礼。么些人生活和居住方式，也都符合居住地的习惯。

与外族结合的事件似乎只属于么些人除内部婚姻以外的偶发事件。马可·波罗详细描述的吐蕃州(Tebet)[①]女人轻薄的情况也曾在么些人中存在。而么些人记录的一些特殊情况，如今却已经只在藏族中保留。在现在的整个西藏，如同马可·波罗提到的建都(Gaindu)[②]地区，丈夫会为了让
兄弟“共妻”而离开家庭，暂时放弃自己的权利。临时丈夫则在屋外挂上帽 10
子、腰带或靴子作为信号，而真正的丈夫一旦看到这些标志就不再进家门。这种离家的日子平均有两到三天。

鲍楠(Bonin)先生在1897年东方学代表大会的一份摘要中提起马可·波罗，并说：“丽江因为女性乐于将热情奉送给游客而在云南出名。政府为辖区的道德担忧，欲制定条例，但无济于事。我在旅途中看到政府门口的两张通告，一张是说宵禁后出门猎艳者将受25棍的责罚，另一张则是说家长在女儿成年后未给其找到合法丈夫将受50棍的责罚。”马可·波罗热情推荐这个地方，因为他认为年轻男子可以在这里找到他们想要的

① 译注：参马可·波罗行纪．第一一四章土蕃州．冯承钧译．北京：东方出版社，2007：304－307.“Tebet”疑为“Tibet”笔误，即应为“吐蕃”，此处译者保留原文。

② 译注：参马可·波罗行纪．第一一六章建都州．冯承钧译．北京：东方出版社，2007：310－313. 建都即建昌，今四川省西昌市。

处女。[1]

么些人唯一保留下来的核心传统是受外界影响较小的语言、文字、宗教和丧葬习俗。同时，他们也不排斥汉族、藏族的同类习俗。

在开始新的一章之前，让我对么些人的性格再做一些补充。

不同的作者观点不一。《南诏野史》[2]温和的作者认为，么些人“天生
11 率直单纯”；中国地理书[3]则认为，他们“坦率直爽却没文化”；德斯高丹神甫反而觉得，他们狡猾吝啬且好争执。

汉族的谚语不太温和，但绝对表达了赞美之情：“要骗一个藏族人，需要三个汉族人；要骗一个么些人，需要三个藏族人。”因此，九个汉族人的智慧才能抵上一个么些人。欧洲人已经很难揣摩汉族人的智慧，我们对么些人的名声亦大感困惑。

事实并没有那么夸张。首先，德斯高丹神甫对么些人不太友善，是因为么些人非常抗拒对其基督教化的所有尝试，而在他们周边的汉族、藏族中已改信基督教者或表示愿意信奉基督教者则大有人在。从 60 年前传教士进入么些人中传教以来，从未出现一个么些基督徒，但这并非因为么些人对自己的宗教虔诚。关于这一点，我们还将在后文中谈到。

我觉得，我所雇佣的几个么些人比藏族人更冷漠，更不外露，但这并不意味着他们比藏族人道德低下。在《南诏野史》[4]中，他们被描述为好斗者，既易争斗也易于平息：

“他们以死相拼表示仇恨，而女人们往往到他们争斗的地方来劝说停止争斗。”这让人觉得没有人比么些人更喜欢向女人献殷勤了。

著名的中国地理书[5]以自己的方式对丽江么些人做出以下总结：“他们十分喜欢骑射，体魄强健，但样貌丑陋，打扮和汉族并无二致；他们没有
12 洗脸的习惯；居住的地方不铺石板；他们火化尸体但不埋葬；佩带一把匕

① 白郎补注：估计是说阿注婚之类，叙述不清，有歧义，易令人误解。

② 宋嘉铭（M. Sainson）先生译本。

③ 译注：此处巴克并未明确书名及其他信息。

④ 译注：作者在此将《南诏野史》简化为《南诏》，为保持前后统一，方便阅读，仍翻译为全称《南诏野史》。

⑤ 译注：作者在此处未明确书名及其他信息。

首在腰间做装饰……他们的家园冬天受寒风侵袭，春夏则阳光焦灼，人们坦率直爽但没有文化。”

汉族作者如此主动承认么些人坦率，是因为他们并不认为这种性格值得恭维。

戴里安·德·拉古伯里[1]倾向于认为潞子、倮倮和么些相像，并假设潞子的汉语古名“女子”（Niu-tze）是由么些人自称的“纳西”（Na-shi）翻译而成。我们将在后文中看到么些文字的“纳西”意指“黑人”。“纳”（Na）表音，并表示一个地名，但词意并非“女子”。倮倮和潞子之间完全不同，和么些更加不同。潞子属于上缅甸人种。而退守深山的倮倮似乎是云南西北部最早的居民。他们的语言和句法来自汉语，而么些语的结构和句法则源于藏语。

此外，在史诗《格萨尔王》（*Gésar*）中详细记载了姜国（Djung/Hdjang），即么些王国的藏语名字，位于岭国（Ling/Gling）和汉地之间。岭国的国王就是格萨尔，其国都吉苏雅格康多（Gartok Kianka）[2]距巴塘西南不远。巴伯说，他曾在打箭炉看到关于么些人征战西藏部分领土的一部史诗。[3] 这很可能就是格萨尔王的故事。西藏的汉族人错误地将此诗称为“三国故事”，事实上那是讲霍国（Hors）、岭国和姜国间的战争故事的。 13

① 《西藏文字起源》。

② 译注：相传格萨尔的出生地是吉苏雅格康多，而岭国的国都是森周达泽宗。

③ 《中国西部旅行探索》。

第二章　宗　教

么些人信奉两种宗教：一种是本民族的自然宗教(religion naturelle)；另一种是喇嘛教(lamaïsme)①。此外，还应补充的是，汉地么些人有祖先崇拜，并同时信奉当地几种宗教，甚至是相互对立的宗教。这在一定程度上反映出么些人对宗教的淡漠。

在自然宗教和喇嘛教之间，还夹杂了很大一部分么些人自己的萨满教巫术。它少许借鉴了喇嘛教密宗，并主要体现在造像方面。我们也可以从现在的本教(pönboïsme)，即藏传佛教前的萨满教中更完整地看到这些造像。至于喇嘛教中的巫术部分，我们很难分辨哪些来自印度密宗，哪些借鉴了原始本教。

现在的本教已经融入佛教(bouddisme)②，以至于只能通过宗教活动和神职人员构成体系认出一二。要在这种融合中找出本教的原型已没有可能。然而，原始本教为保存至今的么些巫术并非完全没有可能。

借鉴外来一些思想、传说，并赋予它们恰当的具体的形象与自己的神明相匹配，然后夸大变形，再通过文学作品、画像和宗教仪式的影响力让
14 信徒们接受这种情况在佛教和本教中时有发生。这样，新形象取代原有形象，导致在佛教形式下无法辨认出古老的本教面貌。或者是因为到达此处较晚，或者是因为他们一直很封闭，么些人完整地保留了自己的传统，并在此后并行不悖地接受喇嘛教。这是由喇嘛教的政治地位所决定的。但两者之间并非双向交流，借鉴仅仅是单方面的。么些人采取了兼收并蓄的方

---

① 译注：喇嘛教为藏传佛教的俗称。

② 译注：巴克在书中分别使用“lamaïsme”“bouddhisme”等词，译者均按法文原文直译。

式而非被全盘取代。

我不认同西藏原始萨满教是么些人现在的萨满教的说法。本教中偶尔会有喇嘛，么些萨满教中则有巫师。尽管本教的喇嘛精通巫术，也偶尔扮演巫师的角色，但我还是认为他们更类似于喇嘛教的喇嘛。真正的本教住持是家族的首脑，而这种最真实的传统在喇嘛教和么些人中并不存在。

么些人自己的宗教是对天的崇拜，“蒙”(Meu)比汉语中“天”的意思更抽象。因为“蒙”不仅指拥有无限特权的天公和神意，还延伸为能知晓并评价人最私密的思想和行为的主持公道者。

尽管神明的地位、特征不同，外界也存在各种信仰和众神观，但么些人观念中一直保留着一神论。只有在圣城白地，人们对天的崇拜保留得如此纯粹庄严。这里没有庙宇，在白地和其他么些人村落附近，一个空旷的场地就是祭天的场所。比如在白地，一片林中空地或是由一些百年老树围绕起来的露天平地就是祭天场所。一截低矮的土墙或一块大石头就象征一道门，表示禁止入内，人们一年只进入一次祭天。① 在这个空旷场地的中央，摆放一张用于祭祀的石桌。 15

对天的崇拜延伸为自然崇拜。水源、湖泊、山洞都被当作庙宇，同时也被当作崇拜对象。它们隐含或庇护着一些神明，人们向它们供奉大米和鲜花。至此，我们还未看到图像和宗教仪式，但人们很快从神明崇拜过渡到了巫术崇拜，也就是“收集能量的技巧”。此时，也就出现了有自己的知识和秘密的巫师，有了他们画满符号、咒语和图像的书籍。

在白地，上述所有宗教阶段同时出现，有祭天坛，一眼神泉和一处神穴。水源处形成巨大的白色钙华沉淀，闪耀着白色的光芒，并呈现层层叠叠的梯田状。丁巴什罗(Tumbashéra)②诞生在白地附近的一个山洞里，那时他第一次道成肉身降临大地。丁巴什罗是么些人的大众化神明，后来又

---

① 白郎补注：应为两次，一次为春祭，一次为秋祭。和继全补注：民国时期，白地之集体性大祭天为一年举行一次。为消灾避难，平时也有村民在祭天祭司主持下到祭天场单独祭祀。

② 和继全补注：此处当指阿明什罗。阿明是白地人，被称为东巴教的第二祖师。白郎补注：巴克调查有误，此处的“丁巴什罗”应为阿明什罗。丁巴什罗是东巴教的祖师，阿明什罗是圣人，两者易被混淆。

成为红教①的"莲花生大师"(Padma sambhava)②。因此，住得再远的东巴(Tumba)或者巫师，一生至少要到白地朝圣一次。在白地，还有一个对于民众来说没太大意义，基本被遗弃的佛教小寺院。白地由 6 个大村落组成，每个村落覆盖一座小山丘，村落之间在平坦处交汇。这是一片非常重要的村落，完全与世隔绝，通往此地的道路也十分艰险。在那里，既看不到一个汉族人，也看不到一个藏族人，再也没有如此纯粹的么些人了。

我们在丁巴什罗的传说中找到了么些萨满教和本教的明显关系。丁巴什罗就是本教的辛饶米沃(Çérabmibo)③。他是普贤佛(Kuntubzombo)的肉身，嵇步突葛的儿子(Rgyal-bou-thod-dkar，么些语称其父为拉布吐格 la-bou-tou-ka)。在西部本教中(拉萨地区)，辛饶米沃是释迦牟尼(Çakya-Mouni)的化身。这个传说朝东方传得越来越远，不断失去了它的佛教特
16 征。传到么些人那里，更是几乎焕然一新。

通过对比东部本教和么些人的传说，我们会发现其中有一些印度传统踪迹可寻。比如丁巴什罗从母亲的腋窝诞生，就与印度密教中莲花生大师的传说相似。相似性当然不意味着绝对的演变关系，尤其是巫术还存在共时性，因为各处巫术都一样。

总之，如果么些人确实是在佛教传入西藏后于藏族人处借鉴了这个传说，那么它必然源自印度。该传说的具体细节颇具西藏本土特色，但现在在西藏却已无迹可寻。因此，我们可以推测它是原始本教传说。么些历史提到，他们存在于丽江这个区域与西藏本教毗邻已有约 600 年。换言之，其时在湿婆派密宗并入佛教之前。④ 此外，么些和藏族无可争议的共同渊源，也导致了他们的信仰一致。

我们不再介绍与佛教有一些相似的西部本教传说。下面是根据口传资料整理的东部本教的传说：法身普贤王(Bon sku kuntu bzang po)是丁巴什罗佛

① 译注：即藏传佛教宁玛派，译者按法文原文直译。

② 译注：莲花生大师。

③ 译注：辛饶米沃又有"顿巴辛饶"等不同汉文译法。他吸收和改革了原始本教。

④ H. 科恩(H. Kern)的观点：根据瓦西列夫(Vassilief)的注释，"密宗的鼎盛时期很难推到距今 700 年，因为如果当时印度的书稿已取得巨大成就，那么从中国去圣地的朝圣者应该带一些回国"(H. 科恩《印度的佛教历史》，第 420 页)。

(Tchruké tumba shéra)的化身，达拉米补(Talaminbé)是丁巴什罗的助手之一，东斯汗(Tonsrin)[1]则是魔王，吃了四分之三的人类。于是，丁巴什罗降临大地，命令达拉米补去杀死魔王。达拉米补吓得直哆嗦，因此第一箭没射中东斯汗。东斯汗张牙舞爪想吞吃达拉米补。达拉米补突然变成一座石像，刀枪不 17
入，不再害怕。他抓住魔王的嘴，掰开撕裂。达拉米补回到师父跟前，师父问他如何杀死魔王，他回答说，魔王刀枪不入，所以不得不撕裂了它的嘴。丁巴什罗听后很满意。魔王的死导致他手下的小鬼们也死亡。达拉米补用它们的头颅穿了一条项链并在它们的尸体上跳舞。

以下是我请叶枝王的东巴翻译的么些表意文字手稿版本：

> 某个老人是天公在大地上的第九代传人，某个女人则是第七代传人。他们有一个儿子，名叫拉布吐格(么些人信奉的主要神明之一，其妻是撒饶朗自金姆(Sasarotseghimo)。[2] 其妻撒饶朗自金姆怀了一个孩子，这个孩子对她说："你不会像其他女人生产那样生下我。三天后，我将从你的腋下出生。"这个孩子出生后，两个妖魔出现在撒饶朗自金姆面前，说要看看她的孩子。她很害怕，但她的儿子丁巴什罗却请求母亲让妖魔看他。母亲只有答应了。当两个妖魔看到丁巴什罗的双眼时，他的双眼就射出闪电；当他们看到他的嘴，他就张大嘴要撕咬他们；当他们看到他的双手，他的双手就拍打着威胁他们；当他们看到他的双脚，他的双脚就开始跳舞。经过三天的修整后，丁巴什罗登上十八重天。他一离开大地，三百六十个妖魔就出来吞食所有的人和动植物，仅有一个王国幸免于难。于是，国王派一些大臣请求丁巴什罗重返人间。拉乌拉萨若(Laoulassazo)[3]骑一匹白马，金片白蝙蝠
> (Haïsabaper)骑一只大雕来到天界。拉乌拉萨若跪下，金片白蝙 18
> 蝠则请求丁巴什罗返回人间保护他们。
>
> 丁巴什罗问："你们给我带贡品了吗?"他们回答："我们没有

① 东斯汗(Tonsrin/Gdonsrin)，人面四爪龙。
② 金姆(Ghimo)，藏语"Rgyalmo"的么些发音，意为"王后"。
③ 译注：一般记为"拉乌拉萨"。此处按作者的拼写音译，略有出入。

带金子，那会增加我们飞行的负担。”丁巴什罗说，他打算将三头牦牛和三只老虎带回大地，问拉乌拉萨若和金片白蝙蝠该如何供养它们？他们回答说：“你杀了三个恶魔后将肉喂它们。”丁巴什罗又问：“我将带三百六十个弟子，我用什么养活他们？”他们答道：“你可以享用大地上的收成。”丁巴什罗请父亲为他做了一把三叉戟，又请他母亲做了一双鞋。他父亲另外还送给他一个金铃和一个龙皮做的长鼓。然后，丁巴什罗拜倒在天神（Omheraghibou）①脚下，天神给了他一头白牦牛和一堆书。一路上，丁巴什罗杀了九个妖魔：三个长角，三个长翅膀，还有三个长着虎纹。他在空中挥舞金铃和长鼓并在这些妖魔的尸体上舞蹈。接着，他到达天穹，称之为“天之东巴那补星公”（Mougeu-pumbonabousengou）②；他来到太阳，称之为“日之东巴”（Gnimepumbo）③；他来到月亮，称之为“月之东巴敬大敬油”（Hémépumbo-Kitakïa）④；他来到群星上，称之为“星宿之东巴罗

---

① 金布（Ghibou），藏语 Rgyalpo 的么些发音，意为“国王”。译注：参丽江东巴文化研究所．超度什罗仪式．迎请什罗．杀三百六十个鬼卒．杀固松玛．纳西东巴古籍译注全集．第七十二卷．昆明：云南人民出版社，2000：36－37. 文中说什罗拜倒在盘神、禅神、嘎神、吾神、沃神、恒神面前。参李霖灿．么些族的故事．民族学研究所集刊，1968(26)：188. 表述为“天上的菩萨”。此处巴克将单词后半部分注释为“国王”之意，译者推敲该单词前半部分为众神名字未能分开，故此处翻译为“天神”。

② 译注：参李国文．东巴文化辞典．昆明：云南教育出版社，1997：44. 那补星公是东巴经语“$na^{55}bv^{33}si^{33}gu^{33}$”的音译。据东巴经《什罗祖师传略》载：东巴教原始祖师丁巴什罗曾带领着三百六十个东巴弟子从十八层天上下凡人间，“那补星公”即属其中排行首位的弟子，而且是居住在天界的弟子。作者所写 Mougeu 是纳西语“天空”的记音。

③ 译注：参李国文．东巴文化辞典．昆明：云南教育出版社，1997：44. 当玛当之是东巴经语“$tər^{21}ma^{55}tər^{21}tʂʅ^{33}$”的译名。当玛当之在丁巴什罗三百六十个弟子中排行第二，而且是居住在太阳界的弟子。作者所写 Gnime 是纳西语“日光，太阳”的记音，但未注明日之东巴的姓名。

④ 译注：参李国文．东巴文化辞典．昆明：云南教育出版社，1997：45. 敬大敬油是“$tɕi^{55}da^{55}tɕi^{55}iə^{33}$”的音译。他是丁巴什罗从天上下凡人间所带领的三百六十个东巴弟子中的第三个。据说他住在月亮上。作者所写 Hémé 是纳西语“月亮”的记音。

巴如然”(Kengeupum-borapazija)①；他来到彩虹，称之为“虹之东巴固塔高吾”(Zagapumbokotangaoua)②；他来到云朵，称之为“云之东巴精拉巴弟”(Kigeupembokilopateu)③；他来到风中，称之为“风之东巴海达洛许”(Hagapumbolouchochoudreu)④；他来到精气界，称之为“尼的东巴土土工娃”(Gnéguépumbotontonkogna)⑤；他来到神明界，称之为“煞大东巴煞土久吾”(Chugenbemposatudiaouo)⑥；他来到下级神明界，称之为“堆巴东巴堆巴洛尼”(Dugenpembotchopalali)⑦；他来到东南西北四方，最后来到人间。然而，妖魔们一路上设置大山阻碍他。当丁巴什罗读到“咚洰罗，塔基亚，以左阿”(Doundjro，Takia，Isoha)⑧，妖魔们被击溃，大山也都崩塌。丁巴什罗杀了妖魔并在他们的尸

① 译注：参李国文．东巴文化辞典．昆明：云南教育出版社，1997：45. 罗巴如然是东巴经语“lo^{21} pa^{55} zi^{33} zæ^{21}”的音译。他是丁巴什罗从天上下凡人间所带领的三百六十个东巴弟子中的第四个，据说他住在天上的星宿界。作者所写 Kengeu 是纳西语“星星”的记音。

② 译注：参李国文．东巴文化辞典．昆明：云南教育出版社，1997：45－46. 固塔高吾是东巴经语“kv^{55} t‘a^{55} ga^{33} u^{21}”的音译。他是丁巴什罗从天上下凡人间所带领的三百六十个东巴弟子中的第六个，据说他居住在天上的虹界。作者所写 Zaga 是纳西语“彩虹”的记音。

③ 译注：参李国文．东巴文化辞典．昆明：云南教育出版社，1997：45. 精拉巴弟是东巴经语“tsi^{55} la^{21} pa^{33} ti^{55}”的音译。他是丁巴什罗从天上下凡人间所带领的三百六十个东巴弟子中的第五个，据说他居住在天上的云界。

④ 译注：参郭大烈，和志武著．纳西族史．成都：四川民族出版社，1999：231. 东巴经中虽有三百六十个弟子之说，但那是一个夸大的虚数。东巴请神或求威灵时迎请的神明东巴，是从天象东巴开始的。其中，风之东巴是海达洛许。此书中其他天象东巴的译名与李国文版本中稍有不同，均系音译。

⑤ 译注：参李国文．东巴文化辞典．昆明：云南教育出版社，1997：46. 土土工娃是东巴经语“t‘v^{33} t‘v^{33} gu^{21} ua^{33}”的音译。他是丁巴什罗三百六十个弟子中的第十个，传说他住在有“尼龙王”的地方。

⑥ 译注：参李国文．东巴文化辞典．昆明：云南教育出版社，1997：46. 煞土久吾是东巴经语“sa^{21} t‘v^{33} tɕə^{33} u^{21}”的音译。他是丁巴什罗三百六十个弟子中的第十一个，据说他住在有“煞大龙王”的地方。

⑦ 译注：参李国文．东巴文化辞典．昆明：云南教育出版社，1997：46. 堆巴洛尼是东巴经语“dy^{21} ba^{33} lo^{21} ȵi^{55}”的音译，丁巴什罗三百六十个弟子中第十二个，据说他住在有“堆龙王”的地方。

⑧ 译注：此处为咒语，采用音译。

19 体上舞蹈，用他们的手臂骨做号角。

由于牦牛和老虎生病，丁巴什罗烧了妖魔们的血，让牦牛和老虎吸那些烟雾恢复了健康。

接着，丁巴什罗从东边来到大地，到达南部后，称之为“塞日米公”(Ségémingo)①，杀死正睡觉的妖魔；到达西部后，称之为“纳生崇鲁”(Nansetcholo)②，杀死正睡觉的妖魔；到达北部后，称之为“古生克巴”(Gosakamba)③，杀死正睡觉的妖魔；到达世界中央后，称之为“当余净古”(Danyokigou)④，杀死正睡觉的妖魔。但他没有杀女魔王西摩(Simo)⑤。西摩问他：“你就是丁巴什罗?”丁巴什罗答道：“我从住着六位神仙的十八重天下凡。”西摩又问：“你为什么要从十八重天到没有那么美丽的大地上来?”丁巴什罗答道：“我有九十九个妻子，来寻找第一百个。你那么漂亮，愿意做我的妻子吗?”西摩回答：“我貌美，也愿意做你的妻子。我们将在这片土地上一起生活，但要对天发誓忠于对方。”丁巴什罗答道：“无须向天发誓，否则我的白牦牛和牝牛都会死。”西摩回答：“如果你不对天发誓，当你敲鼓的时候，将

---

① 译注：参李国文. 东巴文化辞典. 昆明：云南教育出版社，1997：54. 塞日米公是东巴经语“se^{55} $ʐl^{33}$ mi^{21} go^{33}”的音译，属南方神明东巴。

② 译注：参李国文. 东巴文化辞典. 昆明：云南教育出版社，1997：55. 纳生崇鲁是东巴经文“na^{21} se^{55} $tʂ'o^{33}$ lo^{21}”的音译，属西方神明东巴。

③ 译注：参李国文. 东巴文化辞典. 昆明：云南教育出版社，1997：55. 古生克巴是东巴经文“gv^{33} se^{33} $k'ə^{33}$ ba^{21}”音译，属北方神明东巴。

④ 译注：参李国文. 东巴文化辞典. 昆明：云南教育出版社，1997：55. 当余净古是东巴经文“so^{33} io^{21} tsi^{55} gv^{33}”音译，属中央神明东巴。作者标音上第一个音节为“当”(Dan)，稍有出入。译者按巴克拼写音译为“当余净古”。

⑤ 译注：参李霖灿. 么些族的故事. 民族学研究所集刊，1968(26)：187. 女魔王的名字音译为“司汨玛佐可庶玛”。参郭大烈，和志武著. 纳西族史. 成都：四川民族出版社，1999：229. 译为“麻左固斯玛”。参李国文. 东巴文化辞典. 昆明：云南教育出版社，1997：87. 译为“斯命麻左古松麻”，相传她头戴8个扣子的铜锅，身后拖着荆棘和树枝，身上挂着9个皮囊，手里拿着9把镰刀和9根铁链，领着360个鬼卒到处吃人。这三个译名均为纳西语音译。译者按巴克拼写音译为“西摩”。

> 再也得不到经功钱①。”天公的儿子生病，召唤丁巴什罗去敲鼓。当他敲完后，天公给他金银他却没有拿。他对弟子说：“拿上这些金子去斩妖除魔。”弟子为丁巴什罗备鞍，把一串珊瑚珠放在丁巴什罗的前额。然后，丁巴什罗跨上马又重返大地。当他到家的时候，西摩生病并且疯了。
>
> 丁巴什罗有三个弟子，桑布塔（Simbuta）②、构布塔（Kumbuta）③和纳布塔（Nambuta）④。他们对丁巴什罗说：“为了除魔，要先把你的动物们杀了。”丁巴什罗在第一个路口遇到西摩，把她杀了……

故事还有后文，但我没有让人继续翻译下去。 20

这个传说中还配了一些绘画水平一般的插图。在图（25 和 28）⑤中，我们可以看到画面上方绘有印度金翅大鹏（Garuda）⑥，下方则是么些故事中牦牛和老虎正在吸烧死的妖魔的血色烟雾。

我们在喇嘛本教徒和藏传佛教宁玛派（Gnymapas）的宗教活动中，找到了妖魔之战和焚烧妖魔尸体的一些奇特印迹。他们需要某种必需的祭品，即一对一决斗后战死者的肉。正如我们所想，这十分罕见，因此只需要一

① 西藏现行风俗，为保证祷告的有效性，在私人家的准备仪式中，喇嘛要打鼓。仪式结束后，要给喇嘛一些酬金。

② 译注：第一个音节 sim 与“如”相差较大，译者按巴克拼写音译为“桑布塔”。参李国文．东巴文化辞典．昆明：云南教育出版社，1997：44. 如补塔是东巴经文“zv^{21} bv^{33} t‘a^{21}”的音译。据《拯救什罗祖师经》载，在东巴师祖丁巴什罗失踪（去世）后，他曾去寻找师祖，并做拯救师祖灵魂的祭仪。

③ 译注：参李国文．东巴文化辞典．昆明：云南教育出版社，1997：43. 构补塔是东巴经文“kə^{55} bv^{33} t‘a^{21}”的音译，又记作“塔布塔”等。同属寻找和拯救祖师的弟子之一。

④ 译注：参李国文．东巴文化辞典．昆明：云南教育出版社，1997：44. 喷巴明翅丁多，亦作“普布明赤丁多塔”，是东巴经语“p‘y^{33} ba^{33} mi^{21} tʂ‘i^{55} ti^{33} do^{33}”的音译，曾和“构布塔”和“如布塔”一起去寻找并拯救祖师的灵魂。

⑤ 译注：此处原书写为“图 26 与 28”，经与图片比对，疑为作者笔误，实为图 25 和 28。

⑥ 译注：迦楼罗是佛教和印度教典籍中的一种神鸟，汉语译为金翅大鹏鸟，取龙为食，为八部众之一。参郭大烈，和志武著．纳西族史．成都：四川民族出版社，1999：232. 金翅大鹏为丁巴什罗的“四大武将”之一，曾受丁巴什罗的派遣，从魔龙手中夺回东巴法器降魔杵（dv^{22} dɯ^{33}）和“八宝”之一冠珠（no^{32} py^{55}）。

点点。当喇嘛们无法找到这种祭品时，一种巨大的不安就笼罩着喇嘛寺，会招致一些事故、疾病和种种不幸。

我将不再详述东巴的巫术活动。这和其他巫术变体大同小异，没太大意义。蒙柏哈(Montpeyrat)先生曾谈到么些女巫师。在农历六月和十一月之间，她种下一根栗树枝。因为“这样可以让神明们栖息在上面，她还向祖先供奉祭品”。亨利·德·奥尔良公爵告诉我们如何招募新巫师：“哪怕无心，也有可能当么些人的巫师。当大家公认某个人具备一些必要条件能辟邪时，无论他本人是否愿意，都必须担任这个角色并救治病人。有时也会出现巫师治病不力被众人杀死的情况。”虽然这个职业受人尊重，但并非一切都那么美好。大年初一，人们要祭献一头用桃子[1]饲养的猪；用餐时只能讲么些语；如果村里有藏族人，他们则被排除在聚会之外。巫师只有初一那天在村民肩上画一个白色的月亮印记。此后的二十五天里，他就在山中静修并有人给他送食物。这些都是我在澜沧江流域叶枝北部的居民中
21 观察到的。巫师一般父子相传，他们会令人畏惧，也会遭人憎恨。

我得知潞子人的一件巫师被杀案。潞子是么些的近邻，并依附于叶枝么些王。一家人招待一个巫师，并请他和客人们一起围坐在火塘边。吃饭时，一个男人将他向前推倒并在旁人的协助下把巫师的头按入火堆直至烧死。通过这样野蛮的风俗，我们可以看到这些古老的民众基本没有得到佛教的教化。佛教成了么些人原始信仰的补充，但并未深入其中。

我曾与两个东巴联系密切。一个是叶枝木瓜(Moukoua)的东巴，另一个则是丽江土司的东巴。他们的身份要求他们有较高的文化素养。第一位东巴精通么些象形文字，但他得了一种神经系统的病，有可能是饮浓茶过度或是在练习巫术时导致的痉挛。而丽江的东巴为我展示过几场仪式。他是个年轻小伙，为土司的侄子，因此是丽江王世系中的一份子。在喝过一点醉人的小酒之后，他向左右伸展了一下头直到进入忘我状态，然后开始做一些和阿伊萨瓦教徒(Aïssaoua)[2]相似的动作。他翻动一个烧得通红的犁头在火堆上起舞，还拿着一口滚沸的油锅把手伸入其中，往自己身上洒火花。

① 和继全补注：疑为“蔓菁”之误。

② 译注：该教派亦可写作 Aïssâwa、Issâwa、Aïssaoua、Issaoua，阿伊萨瓦宗教是穆罕默德本阿伊萨在摩洛哥(1465—1526)梅克内斯(Meknès)创建的神秘宗教组织。

佛 教

么些佛教徒并非正统派教徒。在澜沧江流域叶枝属地的康普、金沙江
流域的其宗(Shidzong)①一带，都属于宁玛派，即红教(Gnymapa)*，在丽
江则是噶举派(Kadjupa)**②。寺院属于当地统治者府邸的一部分。 22

喇嘛和东巴同时为统治者服务。叶枝木瓜的一个侄子是活佛，并于1910年1月在康普深山中的一个喇嘛寺坐床。

北部更多的么些村落地处藏区，融入了当地的宗教生活，但没有么些喇嘛。

隶属中央政府管辖的丽江没有喇嘛寺③，但有一些佛塔。仅在丽江城周边地区才有喇嘛寺，其外观属汉族风格但内部却是藏式。寺里的教徒属于宁玛派分支噶举派④。宁玛派由印度著名莲花生大师创建，在藏东南流行甚广，并以秘术闻名。其流传区域一直到藏南和汉地交界地区这些精湛巫术的故乡。

鸡足山

鸡足山(Ki-tsou-chan)⑤位于大理湖⑥东南的民家地区。寺庙从山脚一

---

① 译注：原书中“其宗”有“Shidzong”和“Ki-t'song”两种拼写，作者在索引表中也列了两条，其实是同一个地方，译者均译为“其宗”，并在其后括注法文原文。

* 和**宁玛派和噶举派。

② 译注：此处与原书脚注中的法文单词拼写略有不同，但发音相近，同指噶举派，译者保留原书拼写方式。

③ 和继全补注：丽江有嘎玛噶举派五大寺，此处应当指丽江古城。

④ 和继全补注：丽江属于噶玛噶举派大司徒活佛的教区，与宁玛派无隶属关系。白郎补注：巴克此处表述有误，噶举派并非宁玛派的分支。俗称白教的噶举派有“四大八小”之分，丽江城周围的喇嘛教属于噶玛噶举。

⑤ 参沙畹先生(Chavannes)的研究成果。

⑥ 和继全补注：即洱海。

直延续到山顶，最后的也是最高的一座塔为铜制。鸡足山和四川(Seu-tch'ouan)峨眉山(O-meï-chan)齐名，是朝圣圣地。藏区的江卡(Kiatchrin)、中甸、巴塘和理塘一带的信众都要前往那里朝圣，九次完整的行程等同于去了一次拉萨。

那里所修建的寺院是汉传佛寺而不是喇嘛寺[1]。其中，最漂亮的两座寺院由丽江王木增(Mou-tseng)主持修建。木增生于1587年，卒于1646年，1598年起统治丽江。这两座寺院的修建一直持续到1656年。当年，
23 木氏家族还命人铸造了一口大钟。

在一个据说是用银锭填满的池塘上修建的寺院[2]里，塑着主持修建者(木增)的坐像。

另外一个寺院的院子里，则有一座巨大的满是兰莎文(Lantsha)[3]浮雕的窣塔婆[4]。上面涂着一层厚厚的搅拌均匀的石灰，有些部分已经脱落，但仍能看到字迹。这些铭文可能没有任何意义，应该是一些不断重复的真言[5](dhâranî)，或是一些秘咒。由于字迹已十分模糊难辨，我们已很难明白其中之意。每一行的砖块都十分整齐，砖块上的字母可能在砖模中就已烧好。

丧葬习俗

最能体现么些人和藏族渊源关系的是丧葬习俗。在丽江，人死后，人们习惯于火化尸体。他们与云南其他城市不同的就是缺少坟冢："他们火化遗体，但不留坟墓。"[6]在所有的么些村落附近，有一小块被圈起来的场

① 和继全补注：此处指汉传佛教寺庙，作者强调的是与藏传佛教(喇嘛教)寺庙之不同。

② 白郎补注：指悉檀寺。

③ 尼泊尔(Népal)使用的书写变体，在西藏广为流传。译注：兰莎文是兰札文(Ranjana)的一种变体，用于藏传佛教书写梵语。

④ 译注：古印度埋葬佛骨的半球形坟墓。白郎补注：指尊胜塔。

⑤ 译注：陀罗尼，汉语意为"真言、持明"。

⑥ 译注：此处作者使用引文，但未注明出处及其他信息。

地就是火化场，很容易辨认。其原因是地上全是柴火余烬。[1]“人们既不用棺材，也不用裹尸布，而是在遗体火化后，家属将骨灰撒到空旷的地方。人们会将被烧过一些的一段木头带回家献祭品。”（勃莱费，Playfair）“死者被火化后将邀请亲戚邻里来参加仪式，但它绝不会被安排在农忙时节。如果在这个时节有人去世，则要用盐保存尸体，并等到农闲时再火化。”（亨利·德·奥尔良公爵）而蒙柏哈却告诉我们，印度支那半岛上的木瑟进行土葬。这再次说明么些人已融入他们所移居区域的文化而丧失了自己最坚
实的传统。 24

① 白郎补注：巴克此处考察有误。从清代嘉庆时起，丽江城周围的纳西人已经实行土葬。

第二部分
语言和文字

第一章　口语、词汇和语法

我列出这份词汇表的目的是将尚无固定文字的语言注音记录保留下来。从这个角度来看，么些象形文字和字符并不能被称为标准文字。

么些发音并不像《南诏野史》的史学家想象的那样用喉头发音，“他们的口语交流像乌鸦呱呱叫”。么些语的鼻音很重，几乎无法注音，导致马可·波罗说：“他们的语言非常难听。”为了做这份词汇表，我直接请教一位通晓藏语的么些人，并请一个通晓么些语的藏族人来查验问题和答案。我并不惊讶其中一些词的词性发生了变化(比如把名词当作动词)，或者注音有所不同(比如 an 代替 a，但鼻化音比较少见)，因为人们为了让别人明白自己想要表达的意思，常常不得不拓宽思路，而答案也就不会是唯一一个单词。此外，不同的人发音会有差异，或是同一个人也会用不同方式去记录同一个词。我在听别人口述、做注音时时常出现这种情况：别人发“lu”，我会注成“lou”“ lo”或者“leu”；别人发“kou”，我会注成“khou”“kvou”“khu”“kheu”“gheu”等等。

么些语有一种特殊的唇音，或者说是把喉音和齿音转化为唇音的一种
独特方式：gv，tv，bv。最后，么些语中的确很少有超过两个音节的词汇， 27
这让人很困惑。这些词应该包括了一些外来语、名词的形容语、动词的补语，一些与汉语相似的表达，如“皎洁的月亮”“阅读一本书”等等。

我曾打算根据情况将合成词的词根分离出来，并统一注音，但我不太确信其中包含的语符的任意性部分。我更倾向于列出由别人口述、我做记录的全部词汇，即使这样要预先说明每个元音和它的二合元音可以互换，硬辅音、软辅音和送气辅音也能互换。

在以下的词汇表中，我们可以认出 5% 的汉语词汇和 8% 的藏语词汇，

还有6%是康方言(Kham)①特有词汇，这些词应属于么些语中的借词。另外7%是拉萨方言特殊词汇，比如“面包”“害怕”等，而靠近么些人的藏族人是不用这些词汇的。最后，这个词汇表还包括未明比例的西夏文(Si-hia)词汇，据我推测应该占有相当的比例。因为和熟悉的西夏文常用词汇表对比，我已找到25个既是么些语又是西夏文的词汇。

这份词汇表是在澜沧江畔的叶枝汇编的，由叶枝王的首席东巴口述。么些人共有5种方言：丽江方言、白地方言、维西方言、叶枝方言和北部藏化的么些语。经过对比，前四种方言只有发音差异、对藏北和内陆南方
28 借词的不同，最纯正的方言应是白地方言。

词汇表

法　语	么些语	注音及发音不同，同义词或借词②	书面语
到……，在……(与格)	kou；ko		
蜜蜂	mba mé 雌蜂	kioujé	
损坏、毁坏	mago bi sé		koa
吠，狗叫	leu	k'euneutsa	
躲避处、隐藏处	geu		
陪同，伴随	djrindjé bié 同……一起走		
挂，悬挂	téhada		
分娩(一个儿子) (一个女儿)	zou chi mi chi		
指责、控诉	achou		gnion
买，购买	ha	goudzé	
赞美，钦佩	chi lubié		

① 译注：康，是藏文化中的一个区域，常与卫藏和安多并列，康区的方言即康方言。

② 这一纵行的词汇是从德斯高丹、鲍楠、玛德罗尔、庄士敦和德奥洛纳已经发表的词汇表中借来使用的。

续　表

法　语	么些语	注音及发音不同，同义词或借词	书面语
崇拜，爱慕	tepa ben		
机灵的，精明的	rjia		
为了	tso		
搭扣，别针	zeu		
帮助	ââ khou khou		
针，缝衣针	kou		ko
翅膀	dophī		
鹰	kondo		kon
爱，爱戴	baia	chi to ba	
哥哥	ab(v)eu		
空气	h'a	heu	ha
跪下，跪			pha tso
随便，自在			bi
白酒	araki		je
去	bié	beu　hü，hü ze	beu；bu
出去，走开，离开			fou
延长，加长	moucheu cheu bén		
点火，点燃	kheu		
火绒	ba		
琥珀	peuchié		
灵魂，心灵	gnimé	oua hé	ieu
带来，带领	cher lou （拿－过来）		
苦的，苦涩的	khǎ		

29

续 表

法 语	么些语	注音及发音不同，同义词或借词	书面语
朋友	cheu cheu		
消遣，玩	ga chi		
年	khou du khou		
驴子	tenja	tazoa；thréroa	
动物	goghé		
家畜	djreja		
野生动物	hu		
环，戒指	ouo ouo		
使扁，压平	hnèn		
呼喊，呼唤	khou		da
名叫，称谓	mi 名字(动词：在－听到)		
带来	khiouba pou lou 往这里－带来		
学，学习	so		mé so
移近，靠近	ka pou lou		
羚羊			sè
在……以后(表时间)	menku		
下午	mo khou		
蜘蛛	omen		
弩	tana		
拉，牵	kha—		
树	sendzen 树－根	ndzeu； ssŭ tzŭ	
银，钱	gneu	dégou	hgneu

续　表

法　语	么些语	注音及发音不同，同义词或借词	书面语	
拔出，拔掉	thra			30
停止，止步	kahé			
抵达，到达	pa，lou		tho	
关节			tcher	
坐，坐下	ndzen	lón	nzeu	
够，相当	gouia		ta	
平稳的坐姿，盘子	gaben			
洒水	ghi phou			
拴，捆，扣，系	păh		tcheu	
等，等候，期盼	hou da 等 - 留			
当心，专心，注意	go na ben			
注意，小心			do	
客栈，小旅馆	hu kou			
客栈老板，旅馆主人	kapa			
在更远处，超过	dopou			
今天	gni，tsi gni	tsegni，taré	che gnié	
以前	ka			
在附近	kapou			
和……一样，和	lekhiou			
祭坛，石供桌	kia			
秋天，秋季	jou	ch'u　　ch'u solé		
秋冬	tselou			
在周围，在四周	ouo ouo	oua ouo kou		
另外的，别的	outoutou	debo		
过去，以前	aben chaben	abé chébé		

续 表

法 语	么些语	注音及发音不同，同义词或借词	书面语
在……之前(时间，空间)			k
以前，之前(时间)	tsoubé tsou 前头(汉语)		
和……一起(人)	djrin dje	den	
和、同(物)	djri tse		
-(工具)	né	tsè(工具的)	
将来，未来	sonben kouben		
瞎的，盲的	mig ma dou		
有，享有，带有	djou	guiou；gu t'e djo gueu	
指环，戒指	lapou		
31 给，给予	hahayï		
竹，竹子	meu		mu
胡须	mesti	moutseu；motsi	
在楼下，在下面	mitchra	mouta	
往下，朝下(动作)	mi		ja
驮，鞍	kiko		
船	mben	lou	leu
棍	mouthou	thu	du
打，揍	la		tu
相打，交战			jé
话多的	kekhuben		
美丽的，好看的	léh		gueu
很，非常	kapen	diana	
姐夫，妹夫，内弟	agou		

续 表

法 语	么些语	注音及发音不同，同义词或借词	书面语
鸟嘴	gneuta	kado kobeu	
锹，铲	djia		
用锹或铲	lündzu		
黄油，奶油	ma	marpeur	ma
好，出色的	kamé		ka
啤酒	jé		
首饰	chouchi		
白的，白色的，白色	phèn	pe sa tai p'eul mé	phè；pha
小麦	dzé		dzé，dé
伤，伤口	beieu		
蓝和绿	halè	hele pie	
牛，牛肉	jhu，geu	léghé nzou nagueu gheu	heu
斗，一斗容量			tu
喝	tchi	tchré；tcheu t'eu	tche
树林，木材	sè	seu；so；sa	ssa
匣，盒，箱	ta		ta
碗，钵	koa，gokoa		
好的，良好的	kamé；ka	dia djei	ka
幸运，幸福	fou khi		dia
船舷，船边	ko		
肿块，隆肉（动物）	godjre		
凹凸（事物）	dulu		
长筒靴	za		
嘴，口腔	neuta	méta koubo kroube	

32

续 表

法　语	么些语	注音及发音不同，同义词或借词	书面语
堵住，塞住	khoutsi		
一把麦秆，一把干草	koka		
皮带扣	kouha		
耳环	hè tsa		
烂泥，泥浆	dia	duzo	
动，移动	lulu		
沸腾，煮	tse		nda
球	dulu		
尽头，脑袋	kolu		
瓶，酒瓶	tazo		holo
纽扣	zelu		
雕刻刀，凿子			tsa
手镯，手链	la'n dion	ladyo	dio
火炭	foughi		
树枝	kala		
臂，胳膊	la tcheu		
勇敢的，正直的	nimé djri （心－大）		
马笼头，缰绳	kia cha		
发光的，杰出的	boia		bo；mbo
发光，发亮，出众			tsé
打破，砸坏	khiè		geu
火刀，打火石	tsema	dzéma	
声音，喧闹声	ja		
烧，焚烧	bèn		
木柴，劈柴			sa'n

续　表

法　语	么些语	注音及发音不同，同义词或借词	书面语	
水牛，水牛皮		gji gheu　　　dji ye		
青铜，青铜制品	cheu tou			
和尚	dapa			
褐色的，棕色的			phou	
方位基点(指东西南北)			jolo	
藏，隐匿	gveu，gvou			
挂锁，扣锁	mitsu			
货物箱			ta	
平原，田野	dju			
运河，水渠	ghi kheu			
鸭子	ghi ah	tié ouja	āh；ba	33
枷	kenga			
正方形，方巾	lopa			
地图	dju pha			
瀑布	ghi djo			
有柄平底锅	choubedzé			
原因，起因	rokou			
地下室(底层)	mi tchra			
这	kche	tche	tche，che	
这个	tche kou			
鹌鹑			khié	
恶意中伤，诽谤			gnion	
裤带，腰带	bekheu	bouke		
灰，灰烬	jhe	mi gou	jheu	
百	dji chi	deusié		
心，中心	leugou			

续 表

法 语	么些语	注音及发音不同，同义词或借词	书面语
圆，圆圈	ouo ouo		
棺材	kotse		
加工过的谷类食品	ha		nè
鹿，雄鹿	khia	tchoua	ié，tchoa
肯定的，真实的	asségaon		
脑浆，脑髓	koufou ghi （脑－水）		
每一个，人人	doughou	degvou	
链条，链子	chouha(é)		
肌肉，肉	che	cheu	chu；chi
房间，卧室	koakia		
骆驼			lo
田，耕地	le	mou deu	du
蘑菇	mon		
换，替换	ka		
歌唱(唱歌)	dzè	kéton	
公鸡报晓			kion
帽子	koumon	koumo，koumou，hamo	
念珠，一串	boudjri		
炭，煤	chè	millò	
34 (人)负荷，负载	go		
(动物)负载，装载	khi	djé	
犁	deu	toumba	do
打猎，驱赶	du		du
打猎	hu du		
猫	h'oalè	ha lé，léna	

续　表

法　语	么些语	注音及发音不同，同义词或借词	书面语
野猫		houa leu bou	dou
栗，栗子	tsireu		
木匠	pon djé tu		
热的，暖的	tsè	tseu	tse，leu
烧热，加热，生火	tsè		
石灰	kji phè （土）（白色的）		
头，首脑	su	su mouqoi aqua kha	
路，小道	jeugou	zoukou，semé，rha me gomeu	
烟囱			koa
衬衫，上装，外套	kaka		
橡树	lapa		
找，寻找	chou		
马	ja	joa　rouen	go
跨上马	ja dja	dza	
头发	koufou	goudjon	
山羊	tse	tsi；tseu mé	tse
狍子			khi
在……家里，在……附近	kapou		
狗	kheu	khé，ku	kheu，tsi
数字	tse		dzeu
中国	Hepa du		
中国的	hépa	hapa	
事物，事情	létse	habé　goudzé	la cha

续 表

35

法 语	么些语	注音及发音不同，同义词或借词	书面语
天空，天	meu	mou	moun，meu
蜡	bachou		
柳条编织物	mo		mo
明亮的	mbo		mbo，bo
钟	kiouzé		
钥匙	kosa		
锁	tchrè		
隔墙，隔板	touda		
剪刀			ki
有三颗星组成的星座			zu
箱			goa
钉子	choupeu		
钉住	choupeu la		
猪	bou		
心，心脏	némé，nimé	gnime	nu
给……梳头	koufou per		
角，角落	nokho		
山口(山)	calombo		
生气，怒气	macheu		
发怒	id.		
粘，贴	le tsa		
胶水，浆糊	tsa		
颈圈，项链	hagni		
柱，支柱	ger		
多么	zéta	zémé	
指挥，统帅	micheu		

续 表

法 语	么些语	注音及发音不同，同义词或借词	书面语	
好像，如同	gnigni			
如何，怎么，怎样	sébé			
相对，比较			sé	
明白，懂得	ssé		ton	
数，计算	tsé			
带领，引导	cher		pou	
准许，离去(给予准许)	nzé ieu			
高兴的，满意的	ba			
珊瑚虫，珊瑚	cholo			
乌鸦	léka	laka	laka	
绳子	ea			
角	kho		kho	
身体，肉体	ghoumeu	ghoumo，gouzou	ghou	
公鸡，雄鸡	ameu	amou，koto	chia，hio	
肋，胸侧，旁			nu	
颈，脖子	kipa	tyépa；harou		
缝缀	je			36
瓜果的筋			ho	
猛攻，恶意地			tchra	
棉花	baki			
色，颜色	iasé			
切，割，砍	hrè，h'è，heu	dā	da，tsa	
跑，赛跑	mba		gia	
短的，短小的	ndrandra			
刀	jeuten	jété，zeuté		
习惯，风俗	kacheu			

续　表

法　语	么些语	注音及发音不同，同义词或借词	书面语
孵			kou
盖，覆盖	kvou，kou		
害怕，畏惧	jea		
颅骨	koupa		
在……上钻孔，挖坑	nzu		
相信	geu		
皮革	heujeu		
匙，勺	khadza		
烧，煮，烹调	mi	thou	
铜	empher	songo　　eu，heu，ai	aa
山脊			gu
柏			chio
……的(表所属)	geu		
从，自(表起源)	neu，nu，né		
首先	geukou		
麝	lé		lé
在……里，在……内	kobo	kau　　leu	ko
跳舞	tso		tson
在……之外	butu		
明天	songni		
后天	koson djrigni		
吃午饭		ning nong tse	
问，询问(疑问词)	midou		
一半的，半个的	djringeu	denguen；de	
魔鬼	tse		tseu，thu，thar
松开，解开			phè

续　表

法　语	么些语	注音及发音不同，同义词或借词	书面语	
在……前面			ka	
分开，划分	gou		bu	
牙齿	heu	doou	che	37
下，下来	mibié	me ch'a be		
在……下面，下部	mi tchra			
在……上面，上部	geuto			
上帝，神			hè	
难的，困难的	gaia		la	
吃晚饭，晚饭		yong tse		
说，讲	cheu		cheu	
通过煮沸分离			ieu	
距离	cheu djra			
争吵，吵架			no	
手指	la gni	zeu rou　　lu		
家庭的，家养的	gueu zo			
给予，赠予	ieu	yu　　pou	io，ia，pou	
睡觉	yingou	yi　　lei zhi		
背	geusé	goudzé		
轻轻地，慢慢地	aser aser			
龙	leu，lveu			
呢绒，床单	kieti			
旗	thé		thé	
法规，直的	t'una			
公正，正义(道德)			tchon	
右面，右边	ita		il	
用力的，硬的	koko	gu		

续 表

法 语	么些语	注音及发音不同，同义词或借词	书面语
绒毛，绒羽			na
食，衰退			za
水	ghi，gji	gulé，djié guie kié	gui；ghi，ghié
爆裂，绽开			mbou
写，书写	per		
逃走，溜走	pi		
厩，马房		tso bou	
大象	tso		tson
国王	kha		kha
对中国皇帝的称谓	itche kha		
毒死，使中毒	ndu ieu (毒药)(给)		
(桦树的)树皮			gō，gouō
38 堆积			oua
搭脚手架，堆叠			oua
卷，缠，盘			pha，tsa
乳香，香	chou		hu
供焚烧的香			hion
还，尚，仍	léou		
墨水，油墨	meuna		
墨水瓶	meuna geu		
小孩，儿童	zu	zué；jeujeu； zeu heu；zo hon	
压碎，轧伤			thou
分娩，创作			zeu
地狱	kon djreu		

续　表

法　语	么些语	注音及发音不同，同义词或借词	书面语
关闭，监禁			kho
共同，一起	djindji		
听见，听到	khomi		
内脏			tcha
在……之间	kongeu		
派遣，打发	kokheu		
粗短的(长形物体)①	mobeteu		
厚的(平的物体)	djeuia		
肩，肩部	koapi	gou zou　　la p'i	
雀鹰			keu
荆棘	kchi		khi
嫁，娶，结婚	kchi mémé		
丈夫	mougheu	i ka zeu	
妻子	zemoukoa	ze mou；tchémé	
奴隶	kheula		
种类	beuné		
神灵，灵魂	chindjré		
东方，东边	gni mé thou	nyi me tu	
胃	dumé		
夏天		djè so-le	
春夏	joulou		
星，星球	kheu	k'eu，tchatse	ki，ku，keu
存在，有	gnoa	oua，oa　　mou；ié	tha
呼出			dia du

39

① 第一个词用于指“线”“手指”等；第二个词用于形容织品、木板等。在藏语中也存在同样的区别。

续 表

法 语	么些语	注音及发音不同，同义词或借词	书面语
白色野鸡			hoa
悬崖，绝壁			ā
饿，饥饿	ha jou		
做，创造，制订	mama	bé fou	tse；bé（等同于英语中“do”）
应该	djra		da
家，家庭	ghi		du ghi，he
面粉	dze djebu		
疲乏的，疲劳的	gā		
女人，妇女	zémou koa	amou ghi mou me mi tchou	
雌的，母的		ou zou	
窗，窗户	léthé kou	kho ka gotchra	
铁	chou	sou；shou shi，siri，sitou	cho
关闭	tchré		
火	mi	m'eu lhé dji	mi
树叶	sapieu	seu p'ya	pia
纸张	tegeupié		
纱，线	kheu		
女儿	mī；mizo	mizu zu；mouzo；mi tchuen	
儿子	zo		pvou
结束，完成	matse tasé		
箭	lessé		seu

续　表

法　语	么些语	注音及发音不同，同义词或借词	书面语	
花	bobo	baba		
江，河	ibiki	ibvou loké		
肝，肝脏	ser			
底	mi tchra			
创办，创立，建立			thou	
树林，树木	bina	naou		
强壮的，强健的	sjoa			
要塞	mondra			
蕨			djé	
蚂蚁	tcheu eul		tchai	
炉，窑	koua			
敲打，拍，击	tu		tu	
铁链	chou tu			
建立①			ka pie	40
劈开，剖开			da	
兄弟	begezi	bezé		
哥哥	abou，abveu abeu			
弟弟	gezi	gneu zeu；ke-ssŭ		
冷，寒冷	khih'o	ki tchi		
额，前额	leupeu	horrou		
果实	salu	seulu		
烟雾	mekheu			
抽烟	ie tche			
枪	la kchio			
奶酪			thu	

① 译注：原文为“fordation”。无此词，译者理解为“fonation”。

续　表

法　语	么些语	注音及发音不同，同义词或借词	书面语
挣，赚，赢得			dia
疥疮，凶恶的人			gnion
粮仓			go
男孩	zo		
左的；左手的	ouala	oua ta	oa；oua；ié
膝盖	makoutelou	pégou	
冰	gnipher		
甲状腺肿	bā		ba
峡谷(山谷)			lo
滴	che-ï		
一口饮量			cho
谷粒	leur		
脂肪，油脂	ma		
大的，高的	medjri djri，djre	dvu；du　chich	djé
大的，粗的	mobeubeu	bveu	
蛙	pā	dzourou	pa
猫爪		houa leu theu	
烤，烘，干炒	hu		
生殖，发生	zetcher		
鹤	kopher		ko
战争	mon		
打仗	mon kha		
41 治愈，治好	khoa		
给……带路，做向导	jougeu cheu ka (路)(指)		
门神			do sè

续　表

法　语	么些语	注音及发音不同，同义词或借词	书面语
恨，怨恨			zeu
精明的，能干的	hjeu		hjeu
穿衣服	bala mon		
服装	bala		
居住	hu		
树篱，篱笆	bubu		
休息，歇脚	jou		
休息，暂停	jou sa		
四季豆	beber		
高的，高度为……的	mechacha	soa	ba，cha
在高处，往上	go teu		ga ba，ga，to，kvou
草，草本植物	zi	zeu	
小时			dju
昨天	agni		
前天	acha djri gni		
冬天	ch'ih so-le	tselou	
羞辱，羞耻	cheu ndo		
人类，人	chi；chidieu	hyi，si　zou tchou	chi
男人(阳)	abou		
在……之外	betu		
客人(被接待者)	bver		ba
主人(接待方)	kapa		inda
油	ia		ia
背篓，背筐			kha
刺猬			pu

续 表

法　语	么些语	注音及发音不同，同义词或借词	书面语
这，这里	khioulou	tché oué	mè；keupa
偶像，宠物	hè		
她，他，它	che，tche	theu；thieu；ouo；nà ho	
他们，它们	nako tetcheu	theu geu；nàho	
图像，影像	kia		
42 低能的，愚笨的	domon		
不死的，永存的	che tse ma ouia		
体现，使具体化	piofa		
印度	diager du		
侮辱，辱骂	pota		
昆虫	butu		
教育，教	soo		
工具，乐器	la djou		
无用的，无益的	matroia		
有用的，有效地	troia		
醉的	je ko		
车轭，桎梏			la
从前，往昔	aben chaben	abé chêbé	
胫，小腿	katchrer	gouzou	kheu
黄色的	cheumé	chemer	
我	gnā，gneu		i
投，掷，扔	ko	tseu	
年轻的，年幼的	khoupaki		
白天，天	djrigni	gni	
关节，接头			tcher

续 表

法 语	么些语	注音及发音不同，同义词或借词	书面语	
(碰运气的)赌博			sou	
耕	hje li			
湖泊	hcheu			
羊毛	io sseu		seu	
扔，发射			phou	
奶，牛奶	neu，non	eumeu nyi-nyi	nan，na	
灯	bami			
长枪，长矛	hilibié		leu，ln	
语言	ketche			
舌头，舌	chi	deuseu		
宽的，大的	moupapa			
眼泪	mien bah	médji		
洗，洗涤	tcher			
轻的，轻微的	iomer			
蔬菜	djou		dio	
缓慢的	azer azer			
字母	djru dzu	djru'n dzu		43
信(书信)	téghe			
起身，起床	guetreu		tu；h'u	
他们的，她们的，它们的	theukoï			
地点，地方，场地	dedju			
狮子	che			
兔子	tolé			
阅读，读懂	tengué tchio	tchou		
床	ikeu		kchoa	

续 表

法 语	么些语	注音及发音不同，同义词或借词	书面语
书	djredzé		thè g'eu
法律，法令	kache		
远，遥远	kheukho		
房东，主人	kapa		
长的，远的	cheu	moucheucheu	
莲	péma		
狼			pa
重的，沉重的	lïa，lï		
光线，光亮	ouo		ha
月亮	hémétseu	ch'limé；goudzou	lé
拉萨	outsou	ou tson	tsou
读			peu
中午，正午	rondze		
半夜，子夜	houko		
大衣，外套			seu
手	la tcher，la，	lo k'ua	la
现在	aïé		
玉米	kadzé		
房屋，住宅	ghi；ghi djra	guie，guieda；dji；yi kua	
主人，东家，主子	daha		
患病的	gou gō		
吃	nzé；dzé	tseu；hung tseu	nzeu
商人	héla bechi		
走路，行走	ghi	giêu	
爬行			bon

续　表

法　语	么些语	注音及发音不同，同义词或借词	书面语	
丈夫	i ka zeu	mozé		
结婚	chememé			
锅，一锅之量	beubou		bou，bveu	
早晨，上午	itchré	mo kou		44
今天早上	meu seudju			
坏的，错误的	khoamé			
恶意的，坏的	khoamé	modjei	djou	
医生	tchergeukoa			
医学			tcher	
较好的，更好的	ka sjoa			
说谎，欺骗	chi koa			
海，海水	daguicheu			
谢谢	guésé			
母亲	amè	atzeu（奶奶；外婆）	mè	
测量，测定			tu	
蜂蜜，甜蜜	m'ba	mbain		
中心	lugvou	lougou		
千			tu	
镜子	mélon			
月份，月	hé；le	lhe mé	hè	
一半，中间	djrengeu			
我的	gna ï			
寺院	gomba			
放置，摆			bè；na	
么些	nashi		nashi	
宇宙，世界	zijoularedu			

续 表

法 语	么些语	注音及发音不同，同义词或借词	书面语
硬币，钱	kïeu		
山岳，山区	tōu；ndiou	guieu khou；dji na me	dio
登上，上升	khiā；geubie	kö ke be	
咬，叮	tsha		
死，灭亡	che ser		
死亡	che	le shih	
词，话，单词	mi		
苍蝇	baler		mbar，ndu
湿的，湿润的	diabi diasé		
绵羊，羊肉	io，iou，iu		nu；ksou，iu
公骡，骡子	djrè	n'guea	
赶骡子的人	joa du zeu		
织布机			da
母骡			ku
雪	mbé		bé
45 新的	chetsa		
鼻子	gnima	gnimain	
黑的，黑色的	na，namé		na
名字，姓名	mi		si，chi
不是，不，没有	maon；me；	mebe，mo	ma；meu
北，北面	hung gu lo		
我们的	gnakoï	agna ï	
我们	gnako	agna in-guea	ga yé
食物	hā	ha'n...	ha
云	khi		khi

续　表

法　语	么些语	注音及发音不同，同义词或借词	书面语
夜晚，夜间	mekhou	moukou	
前一晚上(过去)	kadjreha		
后一晚上(将来)	madjreha		
鹅			oo
肩胛骨			oua tse
服从，听话	khomi		
气味	chou		
眼睛，目	mieu	meu　　nya lü	pou
蛋，鸡蛋	akvou；akou		geu
鸟，禽	ouzi；	ā；su	do dzeu?
阴凉处，阴凉	djrolokou		
指甲，趾甲	lu mi	tsivu	tcheu
黄金	ha	kesé	
耳朵	hètsi	hétzeu	
骨头	cholo	shang ö	oa nin zeu
在……地方	sè，zekou		zer
忘记，忘却	lémi		
西，西面	nyi me gu		
是，对	goa	kë	gna，tha
工人	peudjiu		
开，打开	phou		
熊，公熊			gou
放牧，赶走(带走)			ki len du
面包	pélé		
筐，篮，箩	nutu		
豹，豹皮	njé；njeu	zè	djé

46

续 表

法　语	么些语	注音及发音不同，同义词或借词	书面语
经过，通过	né		
纸张，纸	cheche	t'ai guêu	
蝴蝶			phè lè
说话，交谈	kobenecheu	chado　queu tse	(ken dje) gnie(言语，说话)
出发，离去，动身			fou
到处，各处	zekoutoukou		bie
牧场	kokhou		
贫穷的，可怜的	ma hâ		dza
壁			bo
木板，板			to
绘画，图画			ïï
国家，地域	medu		du
皮，皮肤	palén		
梳子			pé，par
北京	I tché		
想，思考，思念	chindjré	chen djreu　choun drou	
失去，丧失	phī		pi
父亲	abū	lakadié	è sa
祖父	apou		
任何人(否定的)	chi man geu		
人			ka
矮小的，微小的	kiki	dji	ke
痛苦，惩罚	chou djrou	guiem ma ba	
一点，少许	kiki		

续　表

法　语	么些语	注音及发音不同，同义词或借词	书面语
脚	ketcher	kheu；k’êu	khu；kheu
石头	loupa	lou；leu；diébou	loun，dvou
松树			ton，tho
平原，原野	du	diéghoû；tchaseu	
植物，作物			jeu，ge；dio
平的	bïï		
满，盈	cher ser		
哭泣，流泪	hgnou		
雨	cheu	h’eu；siguié pazo	cheu
下雨	cheu geu （雨）（下）	h’eu geu	
铅	su	seu	sen
羽毛（鸟的）	ā fou （鸟）（毛）	tsi	
羽毛（芦苇笔）	penndu		
比……更，超过	sé		
毛，毛皮	fou		
毒药	dou；ndu		dou
鱼	gni dzèr		gni
胡椒			dzu
桥	lou		dzo
猪，猪肉	bou；bo		bo
门	kho；khouo		kho
豪猪			beu，pu
祈福柱			kha
放，安置			na；kho le ki，ki

47

续 表

法　语	么些语	注音及发音不同，同义词或借词	书面语
提，扛	pou；papa		pou
罐，壶	hu zen	gheu zen	
母鸡	ā；amé	komo	
黑水鸡			tsou
为了(不定式前)	tse tso		
为什么	atse houtu	atsou rokou (什么)(原因)	
腐败，腐烂	tcher		
推动，驱使			ti
灰尘，粉末	ghe	zuo	
能够，会	lo		ja
得到允许，有授权	to		
第一的，最前面的	khouki		
捉住，拿，抓	jeu		
靠近，在……旁	kotchreu		
给予，提供	gniser		
祈祷，恳求	tégu kchiou		
春天	ngi so-le		
监狱	jeughi		
价格，物价	pfou		
深的，深刻的	mouchacha		
允许，答应	ie jou		
特有的，专有的	checheu		
俯伏，拜倒	louputu		
惩处，处罚	cheu pā		
有权力的，有力的			ja

48

续 表

法 语	么些语	注音及发音不同，同义词或借词	书面语
什么样的，哪一类的	setchri		
什么时候	ségnar		
与……相比(引导比较成分)	sé		
谁	ané	ané on se	
什么	atse	atso	
某人，有人	chi degou		
鼠			fou
抢夺，抢走，劫持			dzé
雌鼠，脾			dzeu
刨子			thi
吃得饱饱的，满足的			geu
根，根茎	gni kheu		
报道，转述			keu
收获，采集	bagi		
看，瞧，注视			lu
药，药剂	keheurgeu		tcher，hje
移动，摇动	lulu		
狐狸	ndra		da，pa
还，归还，交回	pā sor		
送回，退回	du		
欢欣，娱乐	bô		
回答，应答	lé pho		
呼吸，透气，吸			cha
梦	ïmon		
做梦			pha

续 表

法 语	么些语	注音及发音不同，同义词或借词	书面语
叫醒，弄醒	geunon		
再来	khiobon		
富的，昂贵的	chicheu	hé la gni	che
没有任何东西	mogu		
笑，发笑	jam' bvou		
稻	khia	tchoa	(épis) chié, tcha
发酵过的稻谷，酒糟			pé
悬岩，峭壁	hâ		ā
国王，王	moukoua	ghi bou	meuheu
49 圆的，球形的	ouo ouo		
车轮	h'eu h'eu		
红的，红色的	hu；	h'ulu hé	phou
生锈的	h'oa ba dou		
卷，缠，盘			tsa
公路，道路	jeu gou		
河，江，水道	ibiki	ibvou；gourou loké	
待，保持			ha
稻秧			lu
沙	cheu		
刀，军刀		dapia，daper	
袋，包	tsan kou		
色拉，凉拌生菜	tsé pe le		
肮脏的，污秽的			tchio
没有，除了，否则	moa		
蚂蟥			peu

续　表

法　语	么些语	注音及发音不同，同义词或借词	书面语	
冷杉，杉树			lu	
血，血液	sa，cha	tseou	cha	
有学问的，博学的			hjeu	
知道，懂得	sse		ton，kou sé	
干的，干燥的	pou sé			
盐	tsé			
鞍子，马鞍	jaki	kikho		
周	kohè			
感到，觉得	tcher nou			
蛇	jeu		jeu	
鸟爪			tcheu	
仆人，佣人	la dou	guieu zo		
如果(条件式)	meu			
猴	ajeu，ayu			
姐妹	ghoumé	méhé		
自己	outou			
渴了	ghi pou			
细心行动			do	
傍晚，黄昏	meukeu	mé khon　　mosso		
士兵	mouko			
太阳，阳光	gnimé		oua gni；gni；meu	
坚固的，固体的	koko		tchreu	50
总数，总量			seu	
他的，她的，它的	tche-ï			
出去，出来			iu	
吹气，吹	sǒ		sa	

续 表

法 语	么些语	注音及发音不同，同义词或借词	书面语
稍稍抬起，稍稍托起			dvou
用夜宵，用晚餐，晚餐	tsong tse		
老鼠	fou		
在……下面	brou		
想起，记得	kieutu		
糖，糖块	ba	ben；bain	
南，南面	ich'i me		
梦游者			phé，pho
顶，尖			oua；geu
烟草，烟叶	yo；ien		
餐桌	sara	sala	
银两	djrou lou		
豆腐(汉语)			dzou
陡坡，斜坡			bo
沉默不语			
鼓	da kou		
晚，迟	h'eu	hua kő	
杯子(木制的)	khia	khoa	
茶杯(瓷质的)	zeukoudiou		
庙宇，寺院	hégh i		
时间，光阴	dje		dje，ghé
拿着，握着	zeu		
帐篷	koughi		
大地，地面	tché；tji；	dji；tué； mou deu	du，kji
头，脑袋	koulu；	kouleu； wu k'ua	

续 表

法 语	么些语	注音及发音不同，同义词或借词	书面语	
茶树，茶叶	lé		lè	
西藏	ghoudzedu			
西藏人，藏族人	ghoudzeu			
虎	la		la	
拉，牵，脱	cher；thra		tchra	
用武器射击	kha			
织布工人	teu pouda			
织，编			da	51
布，织物	tepou	t'oupou	pè	
丝绸			tchon	
屋顶，屋盖	kithra	kia kou	geu	
跌倒，倒下	n'dou			
陵墓	kō			
你的	na ï			
雷，雷声	tson diob	djeou		
声调(昆虫)			mo	
酷刑，拷问	sem bou tou ter			
早，很快就	tsō	nya		
触，碰，接触	teu teu			
整个的，全部的	aoua；	dohobé	dzeu	
城楼，炮楼			tha	
木桶，酒桶			thu	
工作，劳动	lou			
干活，劳动	lou bé			
很，非常，极	oua			
编辫子，编成绳子			tha	

续 表

法 语	么些语	注音及发音不同，同义词或借词	书面语
弄错，搞错	ndjro		
洞，孔，窟窿	koko		
找到，得到	dje		lu，dju；ma
你	na；neu		on
杀死，弄死	su	k’o	
男用头巾	koujeu		
一(数字)	djré		djeu
一个，一次(不定冠词)	du lu	dujo	gu
使用，应用	tsé		
使用，用掉	sé		
战胜，击败			ga
母牛	jheu	ghé mé	
山谷，谷地	lokho		lo
器皿，瓶，壶	dji bou		zo
秃鹫			hio
卖，销售	khi	héla	
来，来到	patsé；	tzeu；dzeu；lou；lou la	tsé，la
风	h’eur		ha
腹，腹部	dumeer	deu men	
蠕虫，虫	lou		lou
玻璃	poli		
倒，灌，倾注	kheu		
绿的，青的	hamêr	gno seu	ho，ha
肉，肉食	che；chi		che；chi
空的，倒空	ko gni		

52

续　表

法　语	么些语	注音及发音不同，同义词或借词	书面语
脸，面孔			pha
生命，性命	ze		
葡萄酒	a gni		
脸，面孔	pa k'ua	hamé	
年老的	mon		
乡村，村庄	bé；m'bé	djenoua	
快的，迅速的	kchiama		
看见，看到	dou		do；lu
飞翔(鸟)	mbi		diï
偷	khou	c'ou	
贼，小偷	chi c'ou		
吐，呕吐	geuphu		peu
您的，你们的	nakoï		
想，想要	gni	djra-djro da	nda；da
你，你们，您	nako	negneu	
自然的声音			son
真实的，确实的			tchon
牦牛	m'beu		ba
眼睛	men	nya lü	gnia，sa

53

数　字

1		dje，dji，djré，djri
2		gni

续 表

3		seu
4		lou
5		oua
6		khia，tcha
7	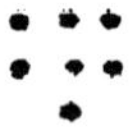	char，che
8		ho，h’ou
9	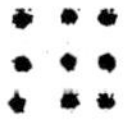	gou，gvou
10		tse
11		tse dji
12		tse gni
20		gni tse
100		chi
101		djri chi djré(一百一)
110		djri chi ne tse kou(一百和十个单位)①
111		djri chi ne tse djre kou
300		sen chi

① 译注：此处作者只是想表明和语法在字字对应上的不同之处，因为在语法中表示“一百(多)”时，“百”前面不加“一”，十位数字与个位数字之间也不用连词。

续　表

360		seu chi khia tse
1 000		tu，to，tou；djre tou
10 000		meu；djre meu

54

十二生肖轮回周期

鼠年	Fou kvou
牛年	Geu kvou
虎年	La kvou
兔年	Tolé kvou
龙年	Djro kvou，Leu kvou
蛇年	Jeu kvou
马年	Joa kvou
羊年	Yu kvou
猴年	Ayu kvou
鸡年	A kvou
狗年	keu kvou
猪年	Bo kvou

么些人没有表示一周七天的名词。

似乎没有任何亚洲其他区域使用这种计时方式。他们把一天分为 12 个时辰（白昼 6 个时辰，夜晚 6 个时辰），并依次用 12 个表示年份周期的名称表达：子时、丑时等。

一天的四个阶段是：上午，么些语为“mokou”；晚上，么些语为“mosso”[①]；正午，么些语为“roudze”；午夜，么些语为“houko”。 55

① 和继全补注：此处上下文应该颠倒。

第三章　语法注释①

冠词。——无定冠词。

不定冠词由数词“djre”构成，指人和物时，后面加上量词“kou”“gou”“gu”(等同汉语中的“个”)。

【例】一个人：Chi djre gou。

指马，则量词为“mé”。

指书，则量词为“jo”，为了谐音，“djré”改为“du”。

【例】一本书：Tegué du jo。

指刀，则量词为“pa”。

指壶、杯，量词为“lu”。

【例】一盏茶杯：Koa du lu。

无须谐音时，“djré”在合成词中发“du”。

定冠词在复数形式下一般不表达。由数词“djré”或“du”构成，也有表示“所有的”这个意思的“aoua”，首字母 a 省略。

【例】一些狗：Kheu du oua。

名词。——没有性的变化，除了人和动物性别区分之外。阳性没有词缀。阴性加词缀“mé”来表达。

56 【例】ba(公牦牛)；ba mé(母牦牛)。

性数格变化。——名词为主格时不变。

属格用后缀“geu”表示，主有格和表示材质的属格相同。

---

① 译注：原书第二部分中无“第二章”，在“第一章”后即为“第三章”。

【例】那位僧侣的马：Dapa geu sjoa。
（僧侣 的 马）

这匹马是我的：Sjoa tche me①gnageu oua。
（马 这 我 的 是）

一间石头房屋：Loupa geu ghi。
（石头 的 房屋）

与格（补充和运动方向）由“kou”“ko”“keu”表示。

给我米饭：Ha yu gna kou。
（米饭 给 我 向）

我去那个村庄：gna m’bé keu tzeu。
（我 村庄 向 去）

夺格（工具和来源）由“né”“neu”“nu”或“tse”表示，相当于“用……工具”。

【例】用刀切面包：Pale jeténé（tse）heu。
（面包 刀 用 切）

他从村庄里来：Theu mbé keu nu tzeu。
（他 村庄 在 从 来）

形容词。——单纯的形容词很少，大多由一个名词、一个动词、一个副词或一个简单形容词组合而成。

【例】盲的：mig ma dou（眼睛看不见）。

饶舌的：ke khuben（言语很多）。

勇敢的：mime djri（伟大的心）。

形容词无变化形式，位于名词之后。比较级有两种表达方式：一种是先陈述较低一级，然后加“neu teu”或“sé”，相当于“比”的意思，再陈述较 57
高一级；第二种是先在“neu”“teu”之间，陈述较高一级，然后加形容词和动词。

① 和汉语不同，特殊的量词也可用作指示代词。

【例】我比你高：Neu　sé　gna　djré。

（对应藏语）Kyod　las　gna tchem

（你　比　我　高）

最高级的标志是“oua”，表示“很，非常”。

【例】他很好/他是最好的：Kame oua ya。

代词。——人称代词如下：

gna	我
na，neū	你
theu	他
gna ko	我们
na ko	你们
theu ko	他们

代词属格也构成了主有代词：

nageu 或 gnaï	我的　我的（物品）
nageu 或 naï	你的　你的（物品）
theu geu 或 theuï	他的　他的（物品）
gna koï	我们的
na koï	你们的
theu koï	他们的

指示代词“tche”常用于第三人称“theu”，属格为“tcheï”，等于拉丁文的“ejus”。

指示代词“tche”很少单独使用，常与量词“ko”“kou”一起使用，大多数情况下，与所指物品的量词一起使用。与藏语一样，指示代词常位于与其相关的名词之后。

而我曾几次听到一个么些人用类似的句序方式来表达汉语。如果指示代词在数词后，那它一般位于实词之前。

58 【例】这本书：Tche tégué dujo。

“Tche dujo”可以单独使用，并能直接翻译为英语的“this one”和藏语的“hdi gkig”。

么些语中没有关系代词，而直接用句子结构来体现关系。

【例】我所买的马：Sjoa gna ha sé。

在以下例句中的分句中，句子的后半部分导致主语 gna 被当成直接宾语，产生歧义：

被他杀的老虎……/一只老虎杀了他。la theu su ya

么些人更简洁地将句子转为被动式。

【例】我所买的马(马被我买了)：Sjoa gnaneu ha sé。

“Gnaneu Sjoa ha sé”表示“我买了一匹马”。

这种形式是藏语表达方式。

代动式代词是“outou”表示“自身”。

【例】自杀：outou su。

疑问代词由疑问词缀构成：“a”和“né”指人，“tse”指物。

“Ané”表示“谁”，“a tsé”表示“哪一个，什么”，“sé”用于所有情况，既可指人也可指物。

【例】这是谁做的？Tche ané mama ya

　　用来做什么？Atse mama tso

　　这人是谁？Chi tche se chi oua

　　哪一个最好？Se tchri ka

副词。——关于词汇表中出现的方式、时间、地点、数量副词，没什么要说的。疑问副词“sébé”表示“如何”，“sé gnar”表示“何时”，“sékou”表示“哪里”，“séta”表示“多少”，“atsé rokou”表示“为什么，什么原因”，
这些疑问副词同样用来表达句子间的关系。 59

连词“当……时”并不表达出来，人们换一种方式表述，以动词的条件式加连词“neu”表示“如果”。

【例】当我(将来)吃完饭：gna ha n’zé sé neu。

　　或

　　当我(过去)吃完饭(我　吃　了　如果)。

表示位移的副词是最重要的，因为和藏语一样，这些副词影响其相关动词，它们如下：“geu”(藏语是“yar”)表示从下向上运动。

【例】“geu bie”表示“上去，向上”。

“mi”(藏语是“mar”)表示从上向下运动。

【例】“mi bie”表示“下去，向下”。

“Khioubo，khiouba”(藏语是“rtsar”)表示向说话人方向运动。

【例】带来：khioubo pou lou(朝这里带来)

“Tokhou”(藏语是“phar”)(英语是“away”)表示“远去”。

【例】带走：tokhou pou fou(away，带走离开)或 toukou jeu(to take away)

这些副词和英语中的“up”“down”“back”“away”“off”及藏语中的“yar”“mar”“rtsar”“phar”具有同样作用。

否定词“mo”或“ma”，置于动词或助动词前。

【例】我没有生病：gna gou mo gu。

我没有去：gna bie ma sé。

“Ma”位于元音开头的动词前时，发成鼻音“man”。

当表示受到一定限制的否定时，将“moa”置于动词前，“moa”表示“否则，如果……则”。

【例】仅有一本书：Tegué dujo moa mo djo。

60 (书 一本 无 没有)

这与藏语完全对应：Yigué gkig madou med。

这也就是说：如果现在没有一本书，今后很有可能也没有了。

动词。——动词“是，在”。作为表语，用“ya，oua”。

作为处所动词，用“gu”“on”“djio”。

作为助动词，用“ya”“sé”。

动词“有”，表示所属关系用“djio”，表示位置时用“gu”“on”“djio”，当助动词用时用“sé”。

在同一个时态中，动词形式在所有人称下都不变。

表示不定式动词时，没有词缀，和现在时的发音一样。

过去时：在过去时和被动态中，我们在动词后加上助动词“ya”或“sé”。

【例】今天上午下过雨：Tsegni meu sendju hengeu ya。

我已经买了一栋房子 ：gna ghi djregu ha sé。

面包被吃了：pale n’zé sé。

代动词的过去时和被动态中，当主语是有生命的，助动词“sé”放在“pi”的后面。

【例】马逃脱了：sjoa pi pisé。

他自杀了：outou su pisé。

他被狗咬了：Theu kheu neu tsha pisé。

将来时：将来时由动词和“beu”构成，表示“去”；或者由动词和“lu”构成，表示“来”。

【例】我要吃了：gna ha n’ zé beu。

一般的命令式没有特殊形式，发动词的音即可。委婉的命令式则会在动词后加上“ta”，表示“你能……，你可以……”。

【例】去(你可以去)：neu bu ta。

条件式则要加上连词“meu”或者“meutseu”。 61

【例】如果你去：neu bu meutseu。

如果我明天出发：gna songni bu meu。

“在……之后”加上不定式动词或过去时，要么用时间副词“menku”表达，要么用类似藏语中的条件式过去时表达。

【例】吃完饭后：ha menku n’zé 或 ha n’zé sé neu。

“在……之前”(tsoube tvou)置于动词前，与藏语中的条件式的否定形式并不对应，但等同于汉语中的“前头”。

疑问：如果没有疑问副词，将带有疑问词缀的分词或形容词“a”“eu”放在动词前。这种句式和藏语相同。

【例】我的马在哪里？Gnageu sjoa sékou gu

这把刀好吗？Zeuté tchepa a ka ya

火点燃了吗？Mi kheu eu n’djé ya

米饭煮了吗？Ha eu thou sé

你叫什么名字？Neu ane mi 或 neu atse mi

为什么这样做？Tche atse ma ma tso 或 tche atse to tse

最后这个例子的第一个形式同藏语句式，译为： hdi kare bzo sa。

（这个 什么 做 为了）

另一个形式同汉语句式，译为：tchego cheu mo yong。

（这个 什么 用途）

表达肯定或否定时，也可用汉语方式。

【例】收成好吗？Bagi ka mo ka。

（收成 好 不 好?）

这里有人吗？Tche oue chi du ko gu nou ma gu。

（这里 人 一个 有 或 没 有）

结构：模仿藏语结构，即从字字对应来看，么些语与法语句序常常
62 相反。

【例】拿一把刀来切面包：Palé heu tso zeute dujo pou lou。

（面包 切 为了 刀 一把 拿来）

正常语序为：主语、时间状语、地点状语、方式状语、直接宾语和动词。当间接宾语是与格，而动词是命令式，间接宾语可以置于动词后。

【例】给我米饭：ha yu gna kou。

63 （饭给我向）

第四章　文　字

我们将口语词汇和书面语词汇分开介绍，因为口语通俗词汇与书面词汇无法完全一一对应，且我们面前还出现一种书面语变体①。

么些东巴使用两种文字体系，一种是象形文字，另一种是音节文字②。他们的文本用其中一种文字或由两种文字混合书写。后一种情况中，象形文字借鉴了更精确也可能更丰富的音节文字的清晰之处。

象形文字包括两种字：一种是图画字，用来表现动物和物品，如熊、蛇等；另一种是表意字，表达动词或抽象概念，如“指控”就是一个人跪在审判席上的形象，“成功、赢”就是幸福地在奔跑的形象。尤其是从巫术中借鉴的词汇，其象征意义比较晦涩难懂，如“灵魂”“蓄谋”“日食”“仇恨”“权利”“知识”“时间”等，经常都当作表音字符来使用。

除了有少数几个古汉字、两三个现代汉字和一个藏语词以外，音节文字是原创的。

而罕有从对应的图画文字中派生出来的音节文字。

音节文字一般被用作表音字符，我们甚至发现在近义词中误用表音字 64
符的情况。这导致发音和词意都发生了变化，也让我们无从得知近义词可交换的程度。

古汉字依然按汉语发音。它所代表的词在么些语中只是汉字的辅音和另一个元音。例如，“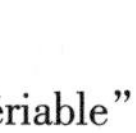”是“yū”代替了“ya”。

---

① 注：巴克使用“vériable”，疑为“véritable”（真正的）或者“variable”（变化的）的笔误。根据上下文选择后一词。

② 和继全补注：象形文字一般称为东巴文，标音文字称为哥巴文。

一些古汉字的意义不变，但字形发生变化，如“裸”“心”。还有一些则字形和词意都不同。

用表意文字书写的文本是最艰涩难懂的，阅读总成为一种阐释。这些文本很难舍弃音节文字的辅助，也存在完全用音节文字写成的文本。丁巴什罗传说的头几页展示了表意文字或表音字符以及两者相结合的形式，如表示“老人”这个词(一个人在表示“老”字的语音“mon”之上的形象)。这些字就是解读文本的连接点。因此，解读一行文本会花很长时间。某些篇幅，尤其是传说故事，比起文字，似乎更像是图像研究。因此，音节文字的介入是为了精细化内容，比如句子：“金片白蝙蝠骑一只白色大雕”。其中的“pa”就是音节文字，表示“白色”(插页十九中第1行)。

此外，过量使用音节造成文本隐晦，可能是给内行人看的，而也可以让只认识固定字的人无法明白其中之意。

插页十八中的图片30的第3行非常有趣，简洁地用最朴实的方式讲述了祖师诞生的故事：“你不会像其他女人生产那样生下我，三天后，我
65 将从你的腋下出生。”狐狸和大象的发音来自“pa tso”；音节“mé”表否定，音节“tha”表示“在……之外”，然后是一个“正常分娩的女人”，接下来是“三天”“在……下面”“肋部分娩的女人”，最后是“肩膀”。

用音节文字书写的两个文本中的第一本是《真言集》(*dhâranî*)①。表示神灵的名字全是表音字符，不好辨认，也完全无法指明是佛教神明或是本土神明(图34至38)。

插页二十五和二十六的手稿是由藏语元音字符修改的音节文字，充当辅音角色，实际上就是字母。令人好奇的是在同一个民族内部，从象征体系到音节体系在其文字发展史中相继出现，并且同时使用。

插页二十七和二十八是一位当地人注释的表意文字和音节文字对照的头几页，我们字典的一部分来自这份手稿，其余部分是叶枝的东巴编订的。

与德·奥洛纳关于中国少数民族文字的最新研究成果对比，我们发现么些音节文字和倮倮文字有一些相似之处。至于表意文字，戴里安·德·

① 译注：陀罗尼，汉语意为“真言、持明”。

拉古伯里推测其源于藏语，甚至可能就是7世纪前西藏萨满文字。实际上
自己都没有书写念头的藏族人，是几乎不大可能发达到与印度玄学等同，
并采用潘地(pandit)①们深奥的文字。因此，我们无法在西藏找到具备这
些特质的材料也就不足为奇。首先，过去要在亚洲让一些人接受一种新宗 66
教，需要将此前的文字古迹破坏。而如今的藏族人和么些人只在纸上书
写，没有留下任何永久性的古代建筑。也许藏族先民和现在的么些人一
样，如果采纳一种深奥的文字作为原始文字的遗迹，就只留下一些零散脆
弱的手稿。虽然没有详细资料，我们仍倾向于将德·夏拉冉卫(de
Schlaginweit)先生在其关于西藏佛教著作中复制的推测图表看作西藏巫术
中与目前么些人文字相类的幸存文字。 67

① 译注：潘地，印度教大师习惯自称之名号。

字 典[①]

词　意②	注　音	表意文字	音节文字
损坏，毁坏③	Koa		
吠，狗叫	leu		
指责，控诉	gnion		
跪下，屈服④	pha tso		
鹰	keu，ku，kou		

① 译注：原书此部分无标题，译者标为“字典”。

② 译注：此部分全部取法语中最常用的意义翻译。和继全补注：东巴文抄写变形、词义注解错误等情况较多，注者对明显的错误做出校注，原书用假借义的地方尽量指出它的象形文本义。因巴克所记纳西语方言音系不详，读音、哥巴文不做校订。

③ 和继全补注：本义为“角”，假借为“坏”。

④ 和继全补注：本义为“占卜、卜师”。

续　表

词　意	注　音	表意文字	音节文字
小鹰，雏鹰①	ǒ		
针，缝衣针	ko		
空气②	ha		
随便，自在③	bi		
烧酒，白酒④	jeu		
去，走，行驶，进展，运转⑤	beu		

68

① 和继全补注：本义为“黄鹰”。
② 和继全补注：本义为“风”。
③ 和继全补注：本义为“搓线”，可假借为“健康、舒适、自在”。
④ 和继全补注：为一个合成词，上部为“酒”，下部为“气”，连用指祭祀用的酒。
⑤ 和继全补注：上字本义为“绝后”，下字为“腰带、肠”。都可假借为“去”。

续 表

词 意	注 音	表意文字	音节文字
点火，点燃	cheu，chu		
心灵，灵魂①	ieu		
羚羊②	sè		
69 呼喊，召唤	sa		 
学③，教	so		 
	mé		
树，树林	ja，jeu za，zeu		
弓，弓形物④	kha ma	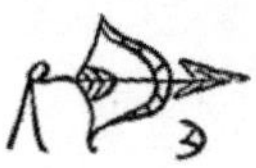	

① 和继全补注：疑为字组，作为祖先，右似是手拿油灯，姑且译为“祖灵”。
② 和继全补注：本义为“岩羊”。
③ 和继全补注：上字本义为“秤”，假借为“学”。下字本义为“雌性”，假借为“学习”。
④ 和继全补注：本义为“射箭”。

续　表

词　意	注　音	表意文字	表意文字	音节文字
银	hgneu			
关节，衔接	tcher			

坐，坐下	dzeu			
够，相当①	tha			

拴，捆，系②	tcheu			
当心，专心，注意	do			
今天	chegnié	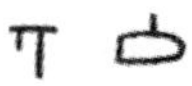		
		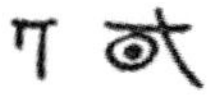		

70

① 和继全补注：本义为“塔”。
② 和继全补注：本义为“坐”。

续　表

	词　意	注　音	表意文字	音节文字
	在……以前①	ka	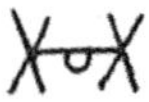	
	有，享有，带有	oa		
	竹，竹子	meu	  	 
	往下，朝下(动作)②	ja		
	棍，棒	du；tu		
71	相打，交战	jé		
	美丽的，好看的，优美的	heu，gueu，gneu		
	黄油，奶油③	ma		
	好，出色地④	ka		 

① 和继全补注：秋千，可假借为“前”“前面”“以前”等。

② 和继全补注：彗星、罗睺，可假借为“往下”“朝下”“降下”等。

③ 和继全注：本义为“酥油”。

④ 和继全注：象形文本义为“水”。

续 表

词 意	注 音	表意文字	音节文字	
白的，白色的，白色	pha	 		
小麦	dé，dzé			

牛，牛肉①	heu			

喝，饮	tcheu			

树林，木材	ssa，sseu			
				72
幸运，幸福②	dia			

① 和继全注：本义为“牛”。

② 和继全补注：本义为“秤砣”。

续 表

词 意	注 音	表意文字	音节文字
嘴，口，口腔	Tse	 	
耳环	he tsa		
沸腾①	da		
扣子	zi		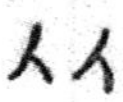
手镯，手链	dio，la-dio		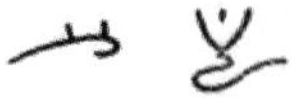
发光的，杰出的②	bo	 	
发光，出众	tse		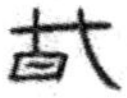
打破，砸坏	geu	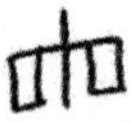 	
73 薄雾，雾	khi ja		
大自然的声音	son		

① 和继全补注：本义为“泡沫”。

② 和继全补注：首字本义为“坡”，假借为“亮”。

续 表

词 意	注 音	表意文字	音节文字
烧，焚烧	ben，beu		
水牛，水牛皮①	gui-heu		
雕刻刀，版画，凿子	tsa		
货物箱	ta	 	
计算，算法	tseu		
恶意中伤，诽谤，污蔑	gnion		
鸭子	a，ba		
这②	tche，che		

74

① 和继全补注：前字本义为“水”。

② 和继全补注：上栏首字本义为“黑麂子”，下栏首字为“挂”。二字连用(顺序颠倒)假借为“这里”。

续 表

词 意	注 音	表意文字	音节文字
腰带	beu keu		
灰，灰烬①	jheu		
谷类，粮食②	né，mè		
一种谷物③	ba		
鹿，雄鹿④	ie		
	kia		

肌肉，肉	chi，cheu	 	
骆驼⑤	lo		

① 和继全补注：善、好，可假借为“灰”“灰烬”。

② 和继全补注：本义为“苋米”。

③ 和继全补注：本义为“稗子”。

④ 和继全补注：按作者所标读音似是“獐”字，字形却像是“山驴”。

⑤ 和继全补注：本义为“黑麂子”。

续　表

词　意	注　音	表意文字		音节文字	
田，耕地	du				75
公鸡报晓	kion				
帽子	kou-mo			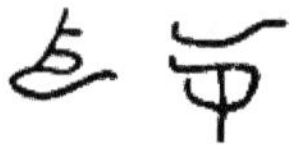	
犁	do，deu				
打猎，驱赶①	du				
野猫②	dou				
热的，暖的③	tse			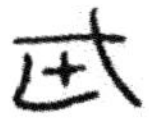	
	leu				
烟囱，壁炉④	koa				

① 和继全补注：本义为“木棍”。
② 和继全补注：本义指一种鬼，可假借为“野猫”。
③ 和继全补注：本义为“盐块”，可假借为“热”。
④ 和继全补注：本义为“灶”。

续　表

76

词　意	注　音	表意文字	音节文字
马①	go		

山羊	tsi tseu		

狗子	khi		
狗	kheu		

数字②	tseu	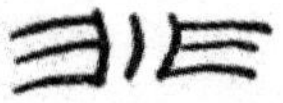	

① 和继全补注：本义为“井字结构的粮仓”，可假借为“马”。

② 和继全补注：本义为“拴、系”，假借为“计算”。

续 表

词 意	注 音	表意文字	音节文字
天空，天	meu	 	  
剪刀	ki		
柳条编织物①	mo		 
明亮的②	bo	 	
心，心脏	nu	  	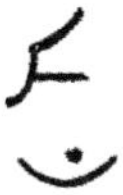 
麦仓	go，goa		

77

① 和继全补注：簸箕。
② 和继全补注：首字本义为“坡”，假借为“亮”。

续 表

词 意	注 音	表意文字	音节文字
愤怒，怒气	ma-cheu		
数，计算	tseu		
黄瓜	da		
带领，引导①	pou		
星座	zu		
78 公鸡②	hio，hia	 	
乌鸦，大乌鸦，渡鸦	laka，naka	  	
角	kho	 	 

① 和继全补注：本义为“燕子”。

② 和继全补注：本义为“鸡”。

续　表

词　意	注　音	表意文字	音节文字
身体，肉体①	ghou		
肋，胸侧，旁	nu，no，neu	 	
肋骨	ho		
用角顶	tchra		
割，切，砍	tsa	   	  
跑，奔跑②	gia，guia		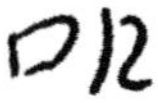 

79

① 和继全补注：本义为“蛋”，可假借为“身”。
② 和继全补注：本义为“虮子”，可假借为“跑”。

续 表

词 意	注 音	表意文字	音节文字
刀	zeuthé		
孵	kou		
山脊	gu		
铜①	aa	 	
柏	chio		
麝	lé		
在……里，在……之内②	ko		
跳舞	tson		
80 ……的(所属关系)	ga，geu	 	 

① 和继全补注：本义为“锅”。
② 和继全补注：本义为“针”。

续　表

词　意	注　音	表意文字	音节文字
从，自(表起源)	la		
松开，解开①	koutso du keupha phi		
问，询问，要求	mé		
魔鬼，撒旦②	du thou thar		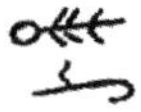

女鬼③	tseu		
齿，牙齿	cheu		
在……前面④	ka		
神	hē tho	 	

81

① 和继全补注：本义为“占卜”。
② 和继全补注：上字本义为“木桶”，可假借为“鬼名”。下字为“凶死鬼”。
③ 和继全补注：本义为“鬼”。
④ 和继全补注：本义为“秋千”。

续 表

词 意	注 音	表意文字	音节文字
难的，困难的①	la		
说，讲	cheu		
争吵，吵架②	no		 
神的名字	do		
分开，使分裂	bu	 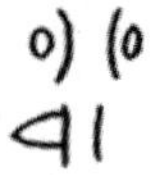 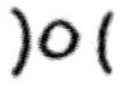 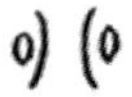	
十	tsa，tsé	 	

① 和继全补注：前字本义为“手”，后字为“旗”。
② 和继全补注：本义为“野草”，可假借为“争吵”“吵架”。

续　表

词　意	注　音	表意文字		音节文字
给予，赠予①	pou			

	ia，io			 82
旗	thé			

公正，道义(道德上的)②	tchou			
右面，右边	ie			
向右，朝右，在右边	ie nu			
绒毛，绒羽	na			

① 和继全补注：本义为“烟叶”。

② 和继全补注：本义为“锥”。

续　表

词　意	注　音	表意文字	音节文字
水	qui，ki		

照亮	tsé		
爆裂，绽开	bou		
83 食，衰退	za		
桦树皮	go		
压碎，压烂①	thou		 

① 和继全补注：上字本义为“木桶”，下字为“孵化”。

续　表

词　意	注　音	表意文字	音节文字
大象	tso，tson		 
皇帝，国王①	kha		
乳香，香	hu		
供焚烧的香	hion		
关，关闭②	kho		
举起，拿出，搬走	dzé		
卷，缠，盘	pha	 	
堆，堆积③	oua，oa		
内脏	tcha		

84

① 和继全补注：本义为“(味)苦”。
② 和继全补注：本义为“栅栏”。
③ 和继全补注：本义为“村寨”。

续 表

词 意	注 音	表意文字	音节文字
荆棘	ki		
东，东面，东部的	gni mé，gni nu		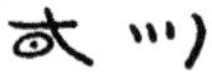 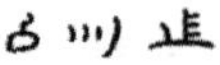
和，及，而且	geu		
星，星球①	ki ku	 	

存在，有	oa，oua，tha		
85 呼出(幸福的家园)	dia，du		
做，创造，制订(相当于英语中“to do”的用法)②	bé pé		

	tseu，dzeu	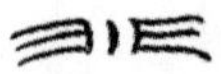	 

① 和继全补注：上栏首字为“剪”，下栏首字为“蛋”，假借为“星”。
② 和继全补注：第三栏首字本义为“门栓”，第四栏首字本义为“系、拴”。

续　表

词　意	注　音	表意文字	音节文字	
白色野鸡	hoa		 	
应该①	da	 		
家，家庭	ghi	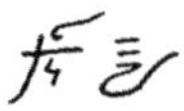	 	
铁	cho			
火	mi			
薄板	da			86
树叶	pia			
纱，线	kheu			
儿子②	pou			

① 和继全补注：本义为“竹帘”，假借为“应该”。
② 和继全补注：看字形和作者注音似是“量筒、升”。

续　表

词　意	注　音	表意文字		音节文字
儿子①	zo		 	
箭	seu			
花	ba			
次，回	la			 
蕨	sjé			
蚂蚁	tchar			
87 敲，打击，拍	tu			
哥哥	bé-zi			
弟弟	je-zi			

① 和继全补注：本义为“坛子”，假借为“儿子”。

续 表

词 意	注 音	表意文字	音节文字
奶酪①	thu		
赢得，成功	dia		
疥疮，凶恶的人	gnion		
(神)门神②	do-zé		
左的，左边的	oa		
向左，在左边	oa nu		
天赋，才华	tho，thou		
甲状腺肿③	ba		
谷粒	lé，né		

88

① 和继全补注：本义为“木桶”，可假借为“奶渣”。

② 和继全补注：阴阳神。过去门两边各立一石块以象征阴阳二神。

③ 和继全补注：本义为“喉瘿”。

续 表

词 意	注 音	表意文字	音节文字
大的，巨大的	dje，djri		
蛙	pa		

鹤	ko		
精明的，能干的①	hjeu		
服装	bala		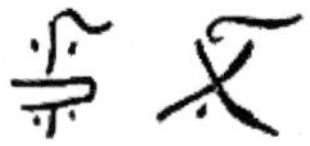
恨，怨恨②	zeu		

高的，高为……的	cha		
	go		

89

① 和继全补注：宝贝，可假借为“精明、能干”。

② 和继全补注：柳叶，可假借为“仇敌、怨恨”。

续 表

词 意	注 音	表意文字	音节文字
在高处，往上①	gaba khou	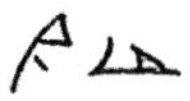	

	to		
刺猬豪猪	pu，beu，peu		

小时，时间	dju		
人，人类，男人②	chi		

① 和继全补注：第二栏首字为“上”，第四栏首字为“蒜”，第五栏首字为“陡坡”，这些字皆可以假借为“高处”。

② 和继全补注：下字为“谷穗”，可假借为“人”。

续 表

词 意	注 音	表意文字	音节文字
90 在……之外，在……外面	ta		
客人(被接待方)	ba		
主人(接待方)	ie ta，inda	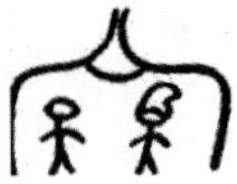	
背篓，背筐	kha		
油，煮沸分离(巫术用语)	ia ieu	 	
八	ho	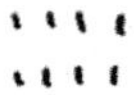	
玉，玉器	iu		
胫，小腿①	kheu		
黄色的	cheu		
我	i		

① 和继全补注：本义为“脚”。

续　表

91

词　意	注　音	表意文字		音节文字
欢乐，快乐，高兴	ba			
赌博①	sou			
牛轭，桎梏	la			
日光，白天，天	gni，gnié			
羊毛	seu			
乳，奶	nan，na			
灯②	ma-mi			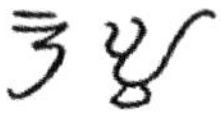
长枪，长矛	lu			
投，掷，扔	phou			
蔬菜	dio			

① 和继全补注：骰子。

② 和继全补注：按作者注音应该为“油灯”。

92

续 表

词　意	注　音	表意文字		音节文字
起身，起床	thu，du hu			

拉萨①	tsou			
阅读，辨识②	peu			
床	kchoa			

书	thegeu	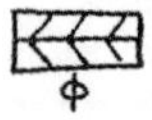		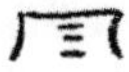

① 和继全补注：四脚蛇，假借为纳西语“拉萨”(o33tso33)的第二个音节。

② 和继全补注：前字本义为祭祀用的“树枝”，后字为“祭司”。

续　表

词　意	注　音	表意文字	音节文字
狼	pa		 
光，光亮，光线①	ha		
月亮	hè，lè		
手	la	 	 
房屋，住宅	ghi，gui		
吃②	dzeu	  	
大衣，披风，斗篷③	seu		

93

① 和继全补注：本义为“玉”。

② 和继全补注：本义为“官员”。

③ 和继全补注：本义为“披毡”。

续 表

词 意	注 音	表意文字	音节文字
爬行	bon		
锅，一锅之量	bou		

94 恶的，淘气的	djou		
医学①	tcher		
母亲	mè		
测量，测定(斗容器名)	tu		
放置，做，干②	bè		
	na		

① 和继全补注：本义为“花”，通常可假借为“药”。

② 和继全补注：黑。

续 表

词 意	注 音	表意文字	音节文字
中心，环境	lu		
军事的，军用的	ga		
千	tu，to		
月，月份	hè		
山岳，山区	dio		
么些人	na shi		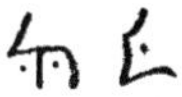
飞虫，苍蝇	du bar-la		
		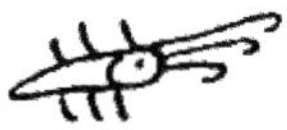	
绵羊，羊肉①	iu nu khou		

		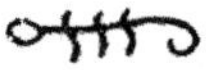	

95

① 和继全补注：下字看字形和法语标音疑为“(用镰刀)割”。

续　表

词　意	注　音	表意文字	音节文字
母骡	ku		
诞生，生	iu		 
不，不是，没有	ma，meu	 	
雪	bè		
96 九，九个	gou	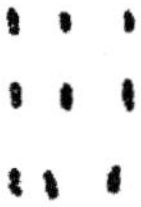	
黑的，黑色的	na		
北，北面	heu ghi hung-gu		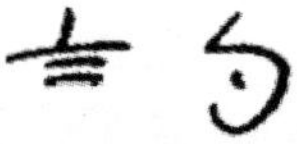
食物	ha		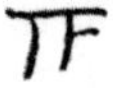
云	khi		
夜，夜晚，夜间	meu		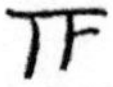

续　表

词　意	注　音	表意文字	音节文字
眼睛，目	pou		
蛋，鸡蛋	geu		
鹅	oo		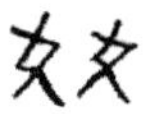
肩胛骨	oatse		
爪，动物的爪①	tcheu，tcho		
金，黄金	ko		
骨头，骨②	oa nin geu	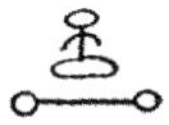	
在……地方③	zè，zer		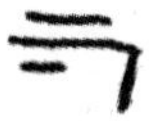 

97

① 和继全补注：本义为“鸳鸯”。
② 和继全补注：应该是两个字，上字为“坐”，下字为“骨”。
③ 和继全补注：本义为一种长翅会飞的鬼怪。

续 表

词 意	注 音	表意文字	音节文字
西，西面	gni me gu	 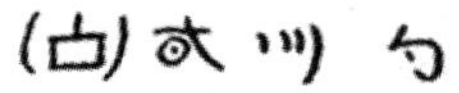	
是，是的①	gna，oa tha		

			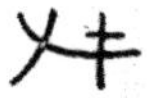
熊，公熊	geu		 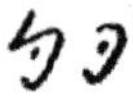
放牧，让……吃草	khi，lendu		
98 豹，豹皮	djé		
蝴蝶	phé-lè		

① 和继全补注：本义为“塔”。

续　表

词　意	注　音	表意文字	音节文字
说话，交谈	cheu		
隔墙，隔板隔壁，内壁	bo		
出发，开始	fou		
到处，各处	bié		
贫穷的①	dza		
国家，地区②	du	 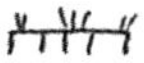	
梳子	par，pè	 	
绘画，图画	ii		
失去，丧失③	pi	 	 

99

① 和继全补注：误。本义为“井字结构的粮仓”。

② 和继全补注：本义为“地”。

③ 和继全补注：肩胛骨，假借为“丢失”。

续 表

词 意	注 音	表意文字	音节文字
山鹑	khie		
父亲	pa		
人，女人①	ka	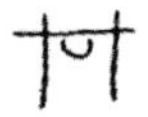	
脚，足	kheu		
石头	lou，dou	 	
凤凰	gni ha		
木板，板	kho to		

植物，作物	jeu，ja，dio		
一种植物②	pu		

100

① 和继全补注：误。本义为“秋千”，通常假借为“前面”。

② 和继全补注：艾蒿。

续　表

词　意	注　音	表意文字	音节文字
铅①	seu	 	
雨②	cheu	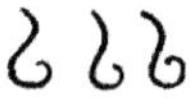	

方位基点（指东南西北）	jo-lo	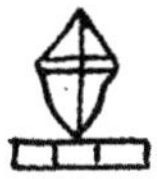	
毒药	do	 	
鱼	gni		
胡椒，胡椒粉	dzu		
桥③	dzo		

猪，猪肉	bo		

101

① 和继全补注：“锡”之误。

② 和继全补注：下字本义为“牙”，两字读音相近。

③ 和继全补注：上字本义为“模具，马槽”。两字读音相近。

续 表

词 意	注 音	表意文字	音节文字
门	kho	 	

提，扛，承担	pou		
放，搁，安置	meugo koleki		
放，搁，安置①	ki，na		
祈福柱	kha		
黑水鸡	tsou		
推动，驱，促使	ti		
能，可以(动词)②	ja		
四	lou	 	

102

① 和继全补注：本意为“羊毛剪”，此处用的是假借义。

② 和继全补注：本义为“马”。

续　表

词　意	注　音	表意文字	音节文字
什么样的，哪一类的	cheu		 
刨，刨子	thi		
根，根茎	kheu		
吃得饱饱的，满足的	geu	 	 
鼠，雄鼠	fou	 	
脾	dzé		
药，药剂①	hjé		
狐狸	da，pa		

① 和继全补注：吉祥符号，表示“吉祥”“妙”等。假借为纳西语“药”（tʂhər33ɯ33）的第二音节。

续 表

词 意	注 音	表意文字	音节文字
呼吸，透气，吸①	cha	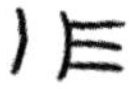	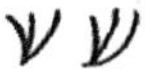
103 待，保持，处于②	ha		
做梦，想象③	pha		
富有的，富足的	cheu		
禾④	chi，tcha		
稻秧	lu		
发酵后的谷物，酒糟⑤	pé		
去皮的米⑥	tcha	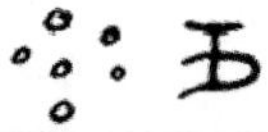	

① 和继全补注：本义为“气”。
② 和继全补注：本义为“夜”。
③ 和继全补注：本义为“占卜”。
④ 和继全补注：本义为“小米”。
⑤ 和继全补注：本义为“门闩”，可假借为“酒糟”。
⑥ 和继全补注：米。

续 表

词 意	注 音	表意文字	音节文字
稻田，水田	du		
岩石①	a	 	
国王，王	beu		
红的，红色的	phou		
卷，盘，绕	tsa		
肮脏的，污秽的，不洁的	tchio		
血，血液	cha		
蚂蟥	peu		
冷杉树	tho	  	
	lu		

104

① 和继全补注：本义为“鸡”。

续 表

	词　意	注　音	表意文字	音节文字
	有学问的，博学的	hjeu		
	知道，懂得①	kou		
		ton		
105		seu	 	
	盐②	tse	 	
				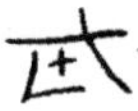
	七③	char	 	
	蛇	jeu		

① 和继全补注：本义为“蒜”，可假借为“知道，懂得”。

② 和继全补注：上字为“家神”，可假借为“知道”。

③ 和继全补注：六。

续　表

词　意	注　音	表意文字	音节文字	
六	kia	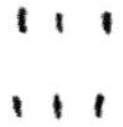	 	
太阳，阳光	meu			
太阳，阳光	gni	  	 	
固体的，坚固的，巩固的	tchieu			
顶，尖①	ga，geu			106
顶，尖②	oua			
梦游者，被催眠者③	koutso du keupha，pha	 		

① 和继全补注：上。
② 和继全补注：本义为“村庄”。
③ 和继全补注：本义为“占卜师”。

续 表

词 意	注 音	表意文字	音节文字
巫师，巫术	tupa		
出去，出来	iu		
	tho		  
吹气，吹①	sa，cha		
稍稍托起，稍稍抬起	dou		
南，南面	ie chi mé		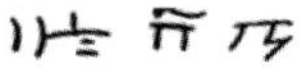 
在……上面	ghi，gheu ka，keu		  

107

① 和继全补注：本义为“气”。

续　表

词　意	注　音	表意文字	音节文字
豆腐（用豆子做成，中国菜）①	dzou		
时光，时间，光阴	djé ghé		
大地，地面	du	 	
大地，地面	kji		 
头，脑袋	kou		
茶，茶叶，茶树	lé		
西藏②	koutsodu		
西藏的，藏族的③	koutso goudzeu		
虎	la		
拉，牵，托	tchra		

108

① 和继全补注：本义为“村庄”，可假借为“豆腐”。

② 和继全补注：藏区。

③ 和继全补注：藏族人。

续 表

词 意	注 音	表意文字	音节文字
织，编	da		
		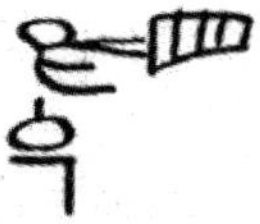	
织机	da		
你	on		
布，织物	pè		
丝绸	tchou		
屋顶，屋盖	geu		
虹	mo		
木桶，酒桶	thu		
109 总数，总和	seu		

续　表

词　意	注　音	表意文字	音节文字
塔	kha		 
整个的，全部的	dzeu		
编成辫子，编成绳子	tha		
三	seu		
找到，得到①	dji	 	
	ma		
男用头巾	kou-jeu		
一(示数的)	du		
战胜，击败	ga	 	 
山谷，峡谷	lo		

110

① 和继全补注：下字本义为“尾巴”，假借为“得到”。

续 表

词 意	注 音	表意文字	音节文字
壶，瓶，器皿	zo	  	
秃鹫	hio		
来，来到①	la tsé，dzeu		 
风	ha		
蠕虫，虫	lou		
绿的，青的②	ho		 

① 和继全补注：本义为“吊死鬼”，可假借为“来”。

② 和继全补注：本义为“绿松石”，可借行为“绿色、青色”。

续　表

词　意	注　音	表意文字		音节文字
肉，肉食	chi			
脸，面孔	pha			
看见，看到	do lu			

飞翔(指鸟类)	dii，ti			
呕，呕吐	peu			
想，想要①	da			
	gni			
真实的，确实的②	tchon			
牦牛	ba			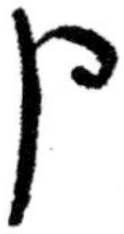

111

① 和继全补注：本义为“竹帘”，可假借为“想要”。

② 和继全补注：本义为“锥子”。

续 表

112

词 意	注 音	表意文字	音节文字
眼睛，目	sa，gnia		
叶枝(么些公国)①	ye-tche	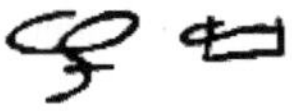	

未标音的文字

扁桃木		胡萝卜	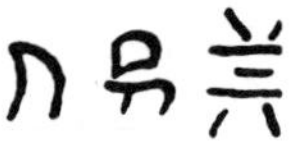
朋友		一种鹿	
爱，爱情		唱歌	
茄子		中国	
秋天	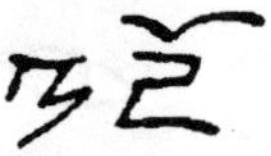	明亮的	
天平，秤	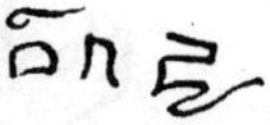	伙伴，伴侣	

① 和继全补注：地名，在维西县。

续　表

小棍，短棒，筷子	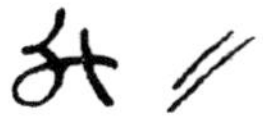	黄瓜		
野牛		故事，短篇小说		
嘴；口		高兴地，满足的		
佛		角		113
害怕，恐惧		夏天	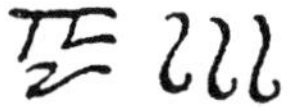	
匙，勺，一匙质量		织物，织品		
盆，脸盆		外国的，陌生的		
在……之前		臀部	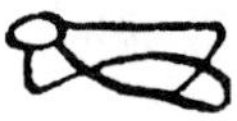	
疼痛		开花	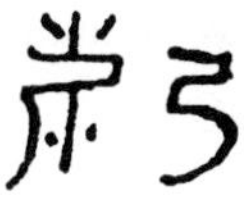	

续 表

菠菜	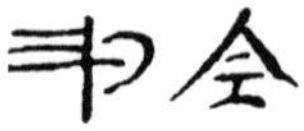	严寒	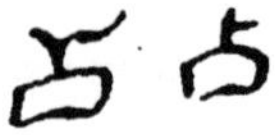
配偶，妻子		山神	
神灵，精神		姜	
		亚麻子	
114 创立，创办，建立		石榴，榴弹	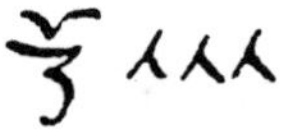
四季豆，菜豆类植物		长命，长寿	
冬天	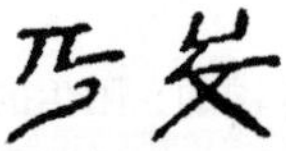	光，光亮，光线	
欢乐，快乐		乳房	
安菜 h'an-tsai（蔬菜)①		橘子	

① 译注：法语单词无此词，原书进行了音译，译者保留原书的法文拼写。

续　表

（蔬菜）	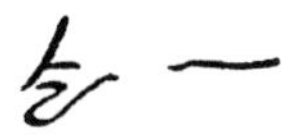	丈夫	
韭 kieou（蔬菜）①		早晨，上午	
绿色蔬菜	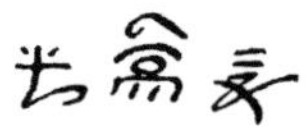	甜瓜，香瓜	
独角兽			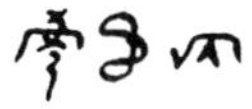
地点，地方，场所		山骡	
出生地	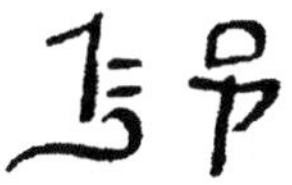	出生	
萝卜		尺（度量单位）	
		辣椒	
不，不是，没有		松树	

115

① 译注：法语单词无此词，原书进行了音译，译者保留原书的法文拼写。

续 表

兰，兰花		栽种，种植	
芳香，芬芳		春天	
钓鱼	 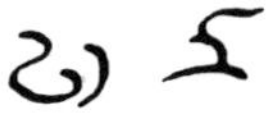	保护	
		李树	
钓		井	
香芹	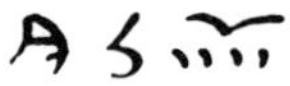	钱财，富有	
116 矮小的，微小的		接到，收到	
去皮的大米	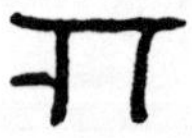	雷，雷声	
露水		扭，粘，使弯曲	

续　表

红色的，红的		广阔的，宽敞的	
高粱		葡萄酒	
鞋		道路，线路	
在……下面		车，车辆	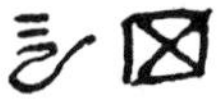
足够的，充分的			
在……上面，在上面			
烟草，烟叶			
杯子			

117

附　　录

第一位丽江王爷爷的传说，译自一本么些音节文字[1]手写本

据说三赕建立后，一户富裕人家来到白沙(Baché)[2]。但这家人没有儿子，只有一个女儿。一个骑着一截树干的孩子顺江而下，一些船工将他带回并送到白沙这户人家中。这家人称他为国王。但他是个哑巴。两年后，他并未和这户人家的女儿生下孩子，而且他想回故乡。这户人家不同意，询问他从哪里来。他回答说："从拉萨来。"他又接着说："当我离开后，我妻子将生下一个儿子，十岁以前不会说话，当他会说话时，将到门罗山(Men-lo)(丽江雪峰)来找我。"这个儿子(见插页三十四)并未找到他的父亲，但看见一截木棍和一个盛了三口水的竹葫芦。当他喝下水，就能听懂鸟语。当他回到家，他母亲说："你没有找到你父亲，应该骑上一截树干顺江再次出发。"然
118 后他说："我的家族将姓木。"他的下一代有两个儿子，长子叫木琮(Mou-Cho)，次子叫木良(Mou-Lea)[3]。木琮成了么些人的祖先。伟大的世祖(Che-tsong)皇帝来到丽江，皇帝借钱给木琮，并给了他一支追随皇帝的军队，称他为"木方天王"(Mou fa tia oa)，让他成为伟大的国王。

[节选自杨升庵(Yang Cheng-ngan)作品，法国副领事苏利(Soulié)先生翻译。]

---

① 见插页三十三并与第三部分 175 页的《木氏宦谱》概要做对比。

② 白沙，位于丽江北部 8 千米的村子。

③ 和继全补注：此处有误，阿良应是孙子。

维西闻见录

么些①

《唐书》(*T'ang chou*)中说这些么些士兵的故乡是丽江。明朝时期，当地统治者木氏因攻下六个吐蕃村子，并消灭了康普叶枝和其宗喇普而声名远扬。于是他们被安排戍边，人口逐渐增长，并在山上建木板房，屋顶只有一人高。 119

自他们定居后，男子剃头，蓄辫子，但不戴帽子。很多人头上绕一块深蓝色的布，他们穿无衬里和折边、但有领的白色毛毡服和不及膝的棉布马裤。

女子梳发髻，前端还用布固定，形成三个突角形状。她们佩戴厚重的耳环，就像藤条上挂着龙眼。这些耳环是铜或银质的，取决于佩戴者的经济实力。她们的上装是白色粗布做的，镶着蓝边，长不过肚脐；下装则是短裙，刚过膝一点。她们不穿裤装，用花花绿绿的布条裹住膝弯，也从不做女红。无论男女老少，么些人都喜欢以佩刀做装饰；他们不爱洗澡，也不洗衣服直到穿破；他们一连几天不梳头，几年不洗澡。冬天，他们不像汉族人那样穿很多层衣服，哪怕是下雪，他们也赤足。当严冬来临，他们在背上披一块羊皮或一块白毛毡。近年，有些人开始穿草鞋、皮鞋和皮凉鞋。

---

① 师范(Che Fan)将徐庆远(Siu k'ing-yuan)的作品《维西闻见录》(*Wei si wen kien lou*)全文转载至这份附录中。徐庆远通过向当地年老的官员了解传统和风俗来补充此前他兄长收集的注释，他兄长曾在1769年担任地方长官。参比勒《史地评述学刊》，1904，J. 博维(J. Beauvais)，云南喇嘛，p12。而根据《云南通史》记载，作者姓“于”。该书被录入《云南备征志》第18卷，从该区域气候及路线相关信息开始介绍。但译者们都不太重视确实短小的第一部分(20至22页)，而且从人种学角度而言没有意义。维西现在是云南丽江辖区的一个厅，参勃莱费，注释8025。译注：原书中此处为《维西闻见纪》，后文中则出现《维西闻见录》《维西闻见记》等不同的中文注释，均指同一本书。为方便阅读，中文统一翻译为《维西闻见录》，并括注原书法文拼写，后文不再重复注释。原书脚注中先提到徐庆远，后也提到“余庆远”版本，此处保留原文。但该书作者为余庆远，为方便阅读，后文中再次出现该作者的地方，中文统一翻译为余庆远。

首领们模仿汉人的服装和发型。但他们妻子的服饰没有什么改变，根据古老的传统，她们的裙子长及脚踝，有别于普通人家的妇女。

120 部族中富裕者的标志是饲养许多马、牛、羊和琵琶猪。首领们饲养动物的数量是最富裕者拥有数量的两倍。冬天，他们杀猪，剔除骨头和四肢，用盐腌制并做成琵琶形状，琵琶猪也因此而得名。

每两三百户或超过一百户人家都有一位头领。如果地广户众，推选出的头领被称为“土千总”(ts’ien-tsong)、“把总”(pa-tsong)，接着是“乡约”，最后一级是“火头”。各人管理其下属。他们的儿子或兄长可以接替继职，这种风俗延续了很多代。

他们把首领称为“木瓜”，意为“官”。当他们与木瓜交流时，呼语为“那哈”，表示“主”的意思。下级见到上级要下跪行礼；当赠送礼物或回答问题时，则单膝下跪；当遭遇官司，要到首领面前申诉，首领则会命人鞭打犯错误的人。

耕种时节，他们要为首领劳作三天。到庄稼即将成熟之际，他们摘下青稻穗，放在臼中捣碎，取出的穗子称为“扁米”。每户人家要向首领奉上两至三斗米。到腊月，他们要向首领献上鸡和米。正月初一，首领则回赠酒和米，邀请大家并表达谢意。当火头见到头人(头人即当地官员)，火头要向头人致意并坐在他身旁。火头属头人管辖。宾主相见都将手放在胸
121 口，互相低头致意；当他们许久未见或恰逢节日，则互相跪拜。

当一位男子离开家乡，而他的父母健在，他要提前告知父母并在出发前十天去看望他们，离家和回家都要跪拜父母。

他们的床高约一尺①，铺有毛毡，人们盘腿而坐，穷人家则铺草席。当有客来访，一般是三个菜和一杯酒招待客人，客人则带走所剩酒食。至于睡觉，他们既没有被子也没有床垫，收集柴火晚上生火取暖，每人一块垫子和草席，不穿衣服，围着火炉入睡，不时翻转身体以温暖腹部和背部，甚至夏天也如此。富裕人家则用被子、褥子和毛毡，并且也在厅里生火，为了取暖，光着上身凑近火堆前。

他们使用一种图画文字，表示一个人就画一个人，表示这样或那样物

① 译注：古法尺，相当于33厘米，与我国的“尺”相当。

品，就画下该物件。这些图画用于他们之间的交流。他们没有姓，用祖父和父亲的最后一个字再加一个字就组成自己的名字，他们延用这种方式来留下祖先和后代的印迹。

结婚聘礼是牛羊。首领家庭还送马，牲口共计十头。

当有人去世，家人不穿丧服。棺材内部底面铺满竹子，死者的衣物则挂在棺内两侧。

至于首领的葬礼，家人要命人杀猪宰羊，然后宴请所有前来吊唁的下
属。无论贫富，死后三天，将尸体运上山，用浇过油的木材覆盖后火化， 122
然后埋葬一块拇指大小的木炭。每年农历六月初五，在埋葬木炭的地方祭
祀，祈求亡魂回家并祭上一头小烤猪，三年后则不再祭祀。

男子们都慵懒散漫。他们敬佛信神。无力改善生存条件，无知而朴
拙，易被人控制。在溪边、山脚下，有大量适合耕种的土地，但他们并不
开垦劳作；他们既不珍惜果实，也不珍惜可做蔬菜的植物；他们喜欢打
猎，高价买猎犬，一条猎犬一般等同于三头牛犊的价值。闲暇时，他们唱
情歌，称为“阿合子”或“悉比体”，当唱到商调，他们就哭了。如果一对
情人对歌顺利，就会到山谷或密林深处结合。 123

参考资料

巴伯《旅行和研究》，伦敦，1882 年，八开本。

巴克(Bacot)《西藏人类学》(《巴黎人类学协会论文和简报》，系列五，第 9 卷，第 4 分册)；《藏东居民》(《人种生物学及社会学杂志》，1912 年 5 ~8 月)；《在西藏的地理阶梯上》，1909 年；《西藏暴动》，1912 年。

鲍楠《雪之王国》(喜马拉雅王国)。

库柏(T. T. Cooper)《商业先锋的旅行》，伦敦，1871 年，八开本。

高尔蒂耶(H. Cordier)《么些》，《通报》系列二，卷九，第 5 章，八开本，第 28 页。

戴维斯(H. R. Davies)《云南，联结印度和扬子江的锁链》①，剑桥，1909 年。

德斯高丹《西藏传教》，1872 年(《地理协会简报》，1872 年 11 月)(《地理协会简报》，系列六，卷五，1873 年)，《关于西藏人种生物学的笔记》，《远东年鉴》，1879 年 7 月，1880 年 6 月。

德维亚(G. Devéria.)《中国和安南边界》②，巴黎，1886 年，八开本。

安邺(Francis Garnier)《印度支那探索旅行》，巴黎，1873 年，卷 2 地图集。

威廉·吉尔(William Gill)《金沙江畔》，伦敦，1880 年，卷 2。

---

① 译注：参戴维斯．云南：联结印度和扬子江的锁链．李安泰，和少英，邓立木，何昌邑，鲍江译．昆明：云南教育出版社，2000。

② 译注：亦称为“长山山脉”，是中南半岛的主要山脉，约长 1 100 千米，呈西北—东南走向。安南山脉既为南海水系与湄公河之分水岭，也是越南中部与老挝的分界山岭。

庄士敦《从北京到曼德勒[1]：从中国北方经过西藏、四川和云南到缅甸》，伦敦，1908 年，八开本。

皮埃尔·勒菲乌-蓬达利（Pierre Lefèvre-Pontalis）《巴维[2]考察：在上老挝和中国缅甸边界的旅行》，8 张地图 137 幅插图，1901 年。

玛德罗尔《倮倮的几个部落》（《通报》，1908 年 10 月）。

蒙贝（Monbeig）《外国传教神父》。

蒙柏哈《关于蒙兴省木瑟地区（老挝上寮西部）的笔记》，《印度支那杂志》，1909 年 11 月 30 日，第 1 614 ~ 1 625 页。

德·奥洛纳《最后的原始部落》。

亨利·德·奥尔良《从东京[3]到印度》，1808 年。

勃莱费《中国评述》。

理查德《中国坤舆详志》，上海，1905 年，十二开本。

宋嘉铭（C. Sainson）《南诏野史》，译自中文，巴黎，1904 年，八开本。

艾尔维·德·圣德尼（Hervey de Saint-Denys）《论马端临[4]外族的人种学》，译自中文，收入《集草》（*Atsume Gusa*）[5]，II，5，207。

G. 苏利《云南的蛮族》《法国远东学院学刊》[6]第 3 卷，1908 年，7 ~ 12 月。

戴里安·德·拉古伯里《中东亚地区文字的起源》，伦敦，1894 年，八开本。 124

---

① 译注：缅甸第二大城市。

② 译注：巴维（Auguste Pavie），1847 年出生于法国布列塔尼地区迪南（Dinan），1925 年在吐里（Thourie）去世，探险家、外交官。1886 年担任法国驻琅勃拉邦（Luang Prabang 或 Louangphrabang）副领事。1889—1890 年间，曾在湄公河流域进行探险考察。

③ 译注：东京，指越南北部大部分区域，越南人称之为北圻，意为“北部边境”。

④ 译注：马端临（1254—1323），字贵舆，号竹洲，饶州乐平（今江西乐平人）。中国古代宋元之际著名的历史学家，代表作有《文献通考》《大学集注》《多识录》。

⑤ 译注：日本 19 世纪出版的连歌、俳句集。作者不详，具体出版年月不详。

⑥ 译注：法国远东学院（法语简称 BEFEO，又译作法兰西远东学院）是法国一所专门研究南亚、东南亚和东亚文明的国家级机构，研究范围涉及历史学、人类学、民俗学、考古学、艺术、文献学等。1901 年开始出版《法国远东学院学刊》（*Bulletin de l'Ecole Française d'Extrême-Orient*）。

插页一

图 1　西番或么些碉楼

图 2　丽江府——集市广场

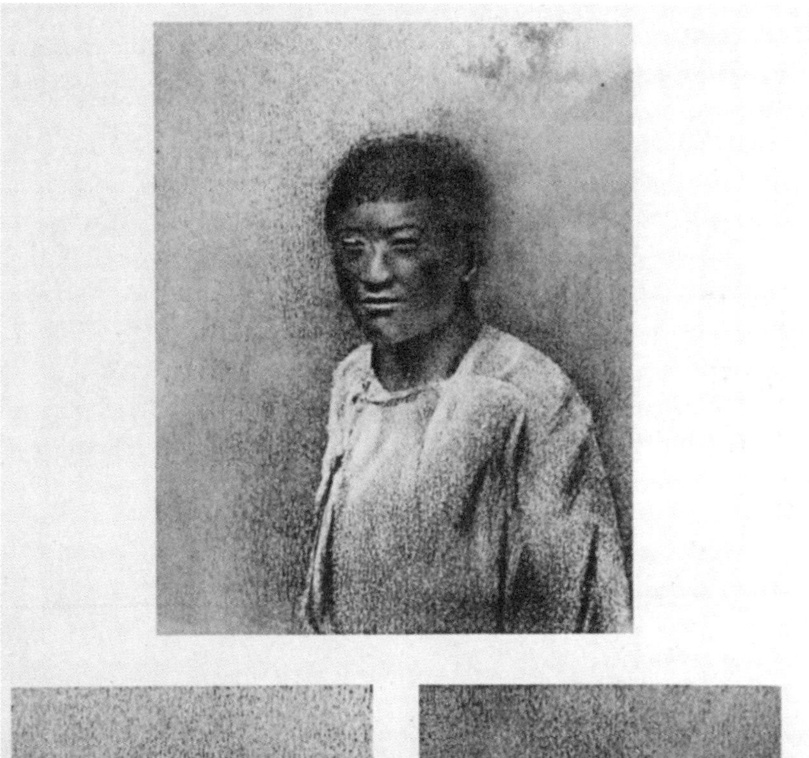

图3~5 白地么些人

插页三

图 6　白地周边的么些人

图 7　金沙江江湾打鼓(Dakou)的么些船工

插页四

图8　白　地

图9　金沙江么些淘金者

插页五

图 10　澜沧江畔小维西(Siao Oui-si)的么些人

图 11　澜沧江畔康普的么些喇嘛

插页六

图 12　澜沧江畔的年轻么些女人

图 13　澜沧江畔年轻的藏化么些少女

插页七

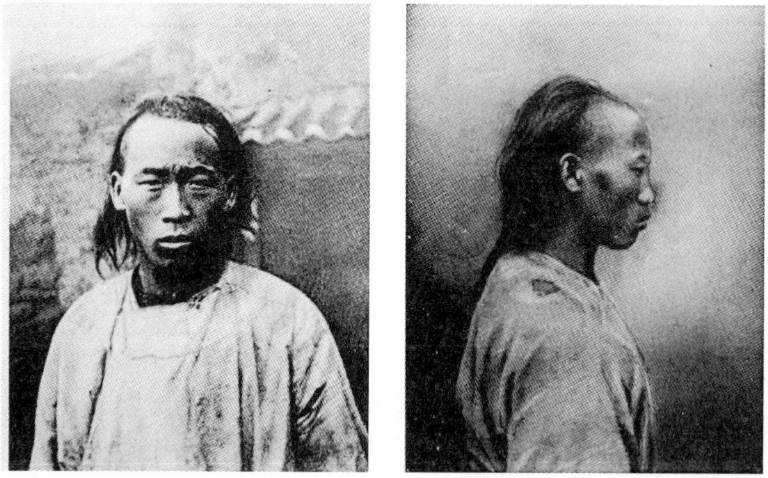

图 14　澜沧江畔的么些人　　　　图 15　澜沧江畔藏化的么些人

图 16　澜沧江畔与汉族混血的么些人正面和侧面

图17　1. 藏族人；2. 么些人；3. 藏族人；4. 大理府的穆斯林；5. 民家人；6和7. 丽江的么些人

图18　怒江潞子

插页九

图 19　澜沧江畔一位倮倮人

图 20　澜沧江畔几位倮倮人

插页十

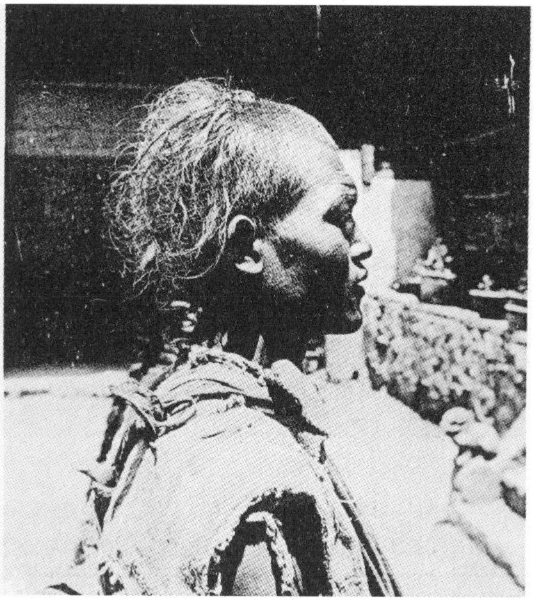

图 21　澜沧江畔傈僳人

图 22　维西附近犁地坪(Litipin)高地

图 23　么些人头饰和羊皮披肩（丽江）

插页十二

图 24　装饰头发的银质圆盘

插页十三

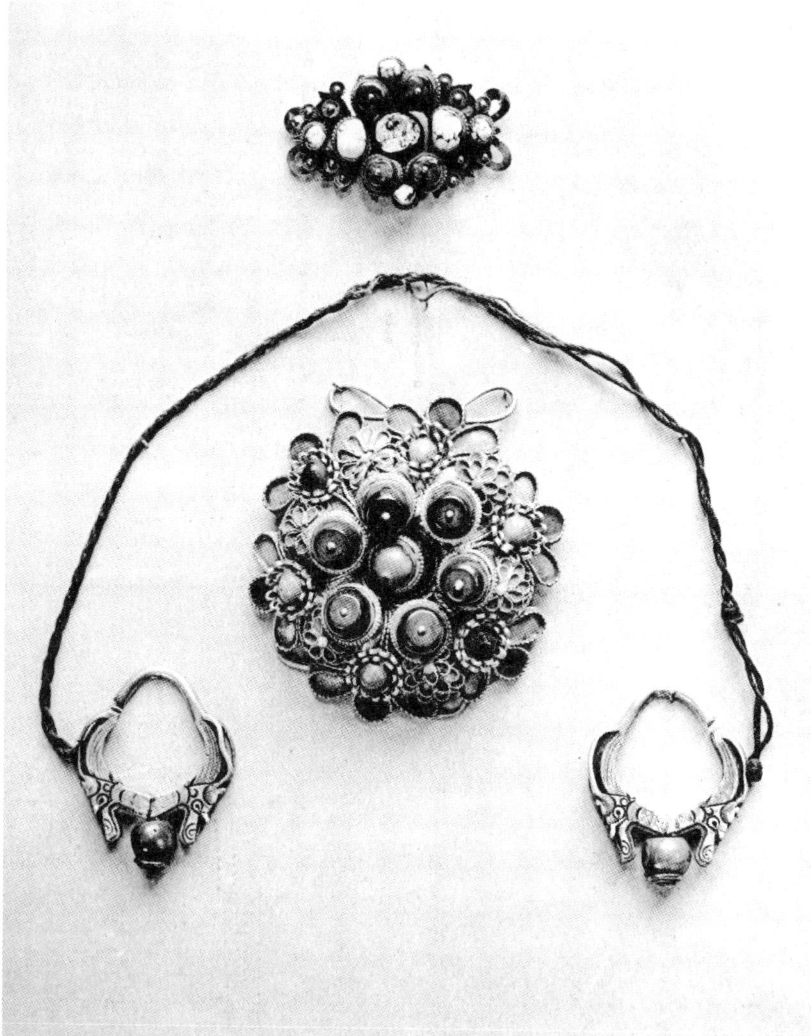

图 25　用金、绿松石和珊瑚做的饰针(丽江)
用银、珐琅、珊瑚做的搭扣(澜沧江)
用银、珊瑚做的耳环(澜沧江)

插页十四

图 26　本教画——金翅大鹏鸟

插页十五

图 27　么些画——普贤王

插页十六

图 28　么些画——丁巴什罗

图 29　鸡足山

图 30、31　么些图画表意文字手写本《丁巴什罗的传说》

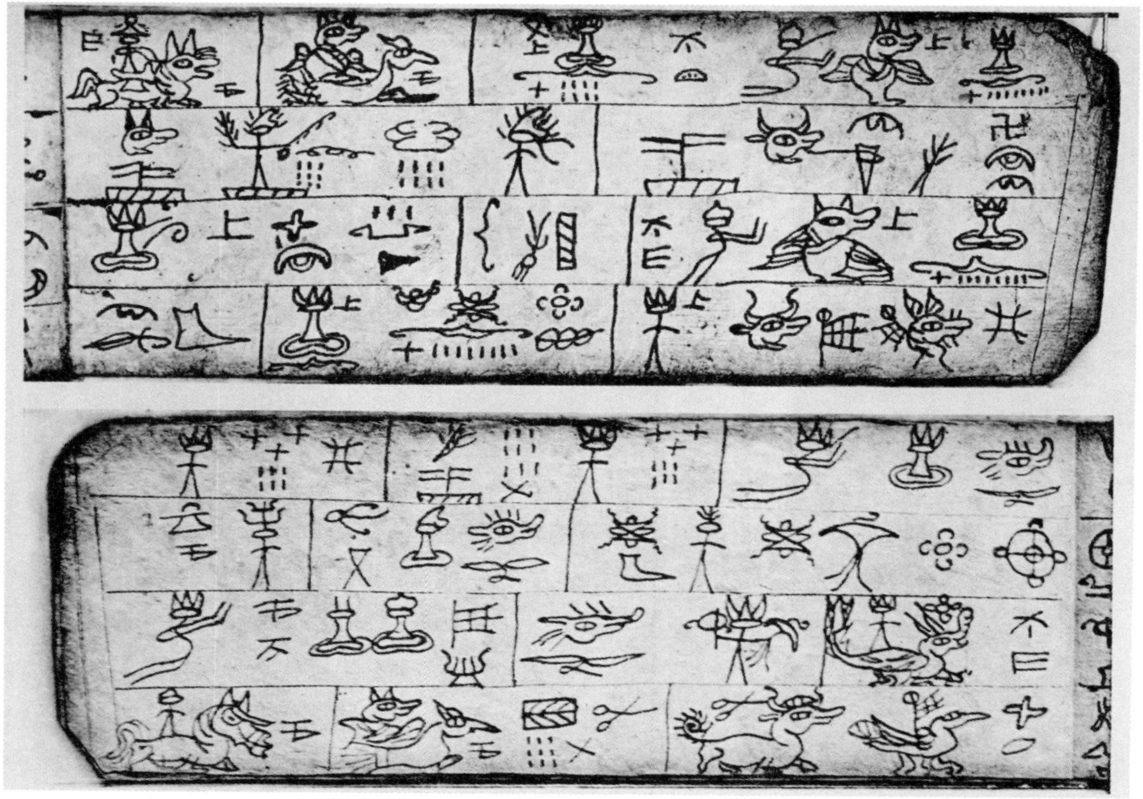

图32、33　么些图画表意文字手写本《丁巴什罗的传说》（参见18～20页译文）

插页二十

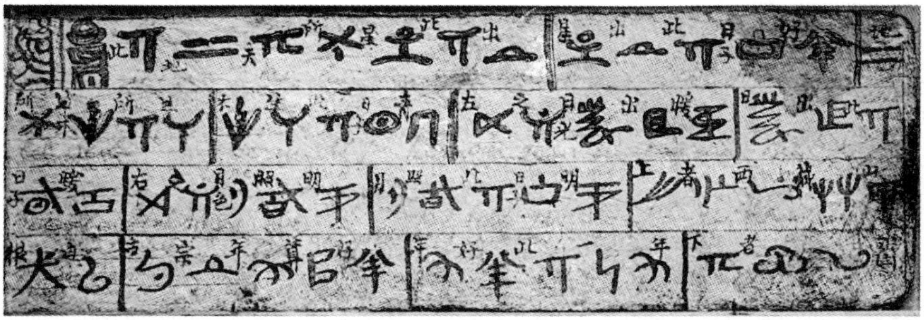

che	du	neu	la	keu	che	dzeu ‖	keu	dzeu	che	gni	gueu ‖	du
这	土地	天	的	星星	这	出来 ‖	星星	出来	这	天	好 ‖	土地

星星出现那天是好日子

												ton			ton		
la	jeu	che	iu ‖	jeu	iu	che	gni	ha ‖	oua	nu	bie	tho	leu ‖	bie	tho	che
的	草和植物	的	生长 ‖	树林	生长	这	天	绿色 ‖	左边	的	太阳	出来	热 ‖	太阳	出来	这

发芽那天的树林是绿色的

gni	lou ‖	te	nu	lé	tse	mbo ‖	lé	tse	che	gni	mbo ‖	ga	ie	la	cha	tho
天	热 ‖	右边	的	月亮	照耀	皎洁地 ‖	月亮	照耀	这	天	明亮的 ‖					

那上面的就是西藏的山

keu	pa ‖	go	dzeu		su	heu ‖		che	du	‖	meu
根	白色的 ‖	过去	家庭	到达	计算	好 ‖	年	好	这	一 ‖	年

那下面的就是异域

图 34　音节文字写成的真言

插页二十一

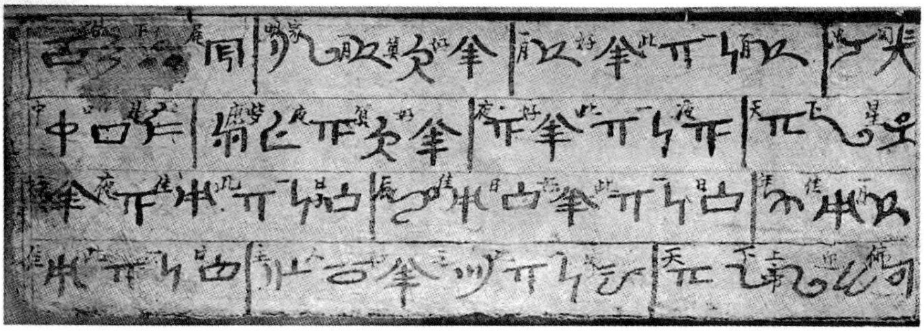

						tseu	heu	hé	heu	cheu	du	hé	
						计算	好	月份	好	这	一个	月	中国

lu		dua(tha)	na	chi	meu	tseu	heu	meu	heu	cheu	du	meu	meu		keu
在中间		是	么些		夜晚	计算	好	夜晚	好	这	一个	夜晚	天空	在……下	星星

heu	meu	heu	che	du	gni		heu	gni	heu	cheu	du	gni		heu	hé
好	夜晚	好	这	一个	日子	上午	好	日子	好	这	一个	天	年	好	月

heu	che	du	gni	ie	du(ta)	heu	mé	che	du	ghi	men				
好	这	一个	日子	主人		好	母亲	这	一个	家庭	天	在……下	神	接待	佛

图 35　音节文字写成的真言

插页二十二

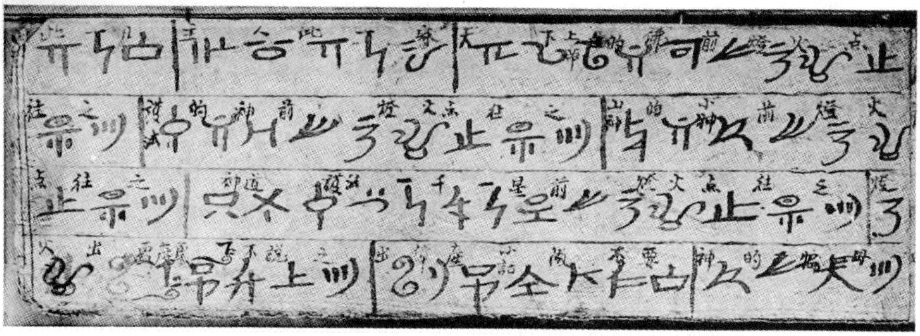

cheu	du	gni	ie	du	che	du	cheu (ghi)	meu					ga	ma	mi	chu
			主人		这	一个	富裕 （家庭）					佛	在……前	灯		点亮的

bie	mé				ga	ma	mi	chu	bie	mé				ga	ma	mi
去	母亲	护法	的	神明	在……前	灯		点亮的	去	母亲		的	神明	在……前	灯	

chu		mé				la	du	tu	du	keu	ga	ma	mi	chu	bie	mé	ma
点亮的	去	母亲			保护	信仰	一个	千	一个	星	在……前	灯		点亮的	去	的	灯

mi	tho				cheu	mé	tho	lé		du	tseu			hé	ga		mé
出去		出生地		不	说	的	出去		出生					神明	的	野牛	母亲

图 36　音节文字写成的真言

插页二十三

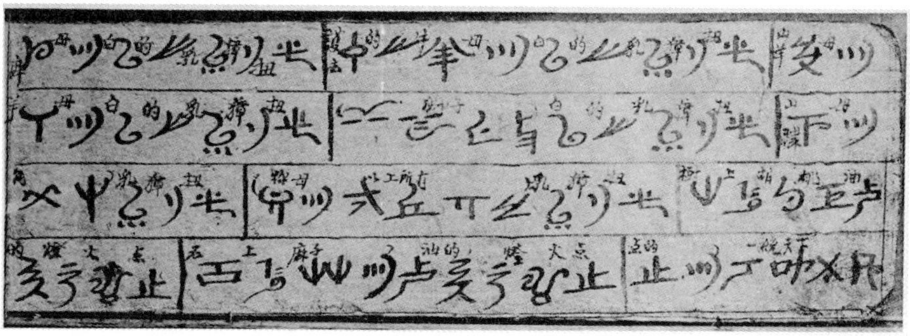

mé	pha	ga			cha		ga	heu	mé	hpa	ga			cha	tsi	mé
母亲	白色的	的	乳房		卷曲	护法	的	牛	母亲	白色的	的	乳房		卷曲	山羊	母亲

母牛

iu	mé	pha	ga			cha					pha	ga			cha	ku	me
绵羊	母亲	白色的	的	乳房		卷曲	狮子				白色的	的	乳房		卷曲	山骡	母亲

	bi					mé		ghi-keu		oa			cha	ja	keu			ia
角		乳房		卷曲		母亲		在……下面		有	乳房		卷曲	树	在……下面			油

ga，geu	ma	mi	chu	lou，dou	keu				ia	ga	ma	mi	chu	chu	mé		gnia	
的	灯		点亮	石头	在……上	亚麻籽			油	的	灯		点亮	点亮	母亲			

图 37　音节文字写成的真言

插页二十四

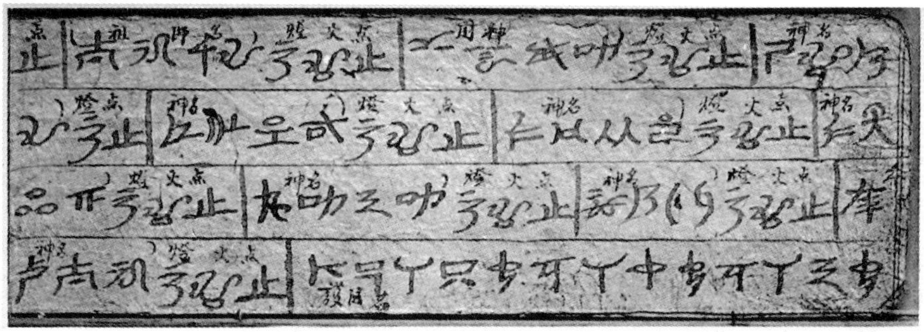

		ma mi	chu			ma mi	chu	
(神的名字)	在……前	灯	点亮的	(神的名字)	在……前	灯	点亮的	(神的名字)

ma mi	chu			ma mi	chu			ma mi	chu	
灯	点亮	(神的名字)		灯	点亮	(神的名字)		灯	点亮的	(名字

	ma mi	chu			ma mi	chu			ma mi	chu	tha
神的)	灯	点亮的	(神的名字)		灯	点亮的	(神的名字)		灯	点亮的	神

ieu ti mba	ma mi	chu	me	da	yu	pu	cha	so	iu	lu	cha	so	iu	ki cha
护法名	灯	点亮的	保护	信仰										

图 38　音节文字写成的真言

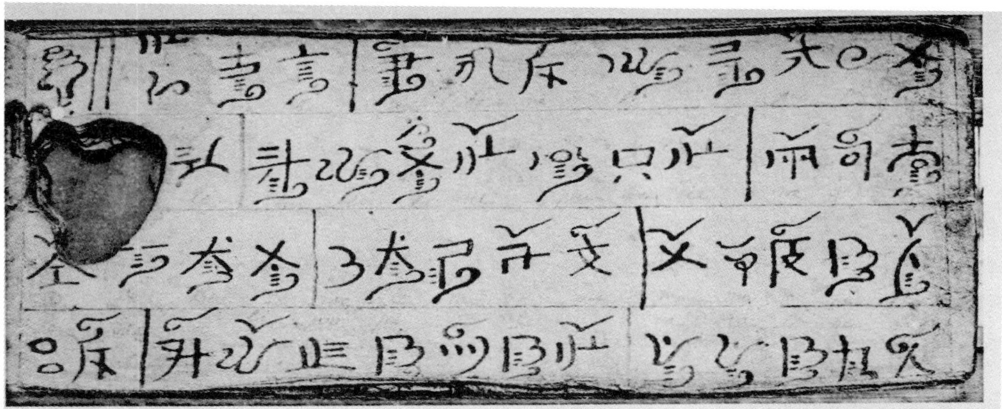

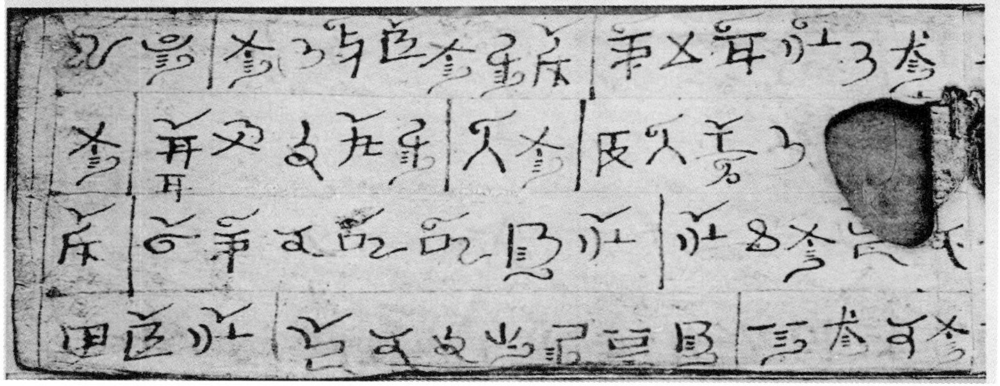

图39、40　紧随元音符号的音节文字手写本

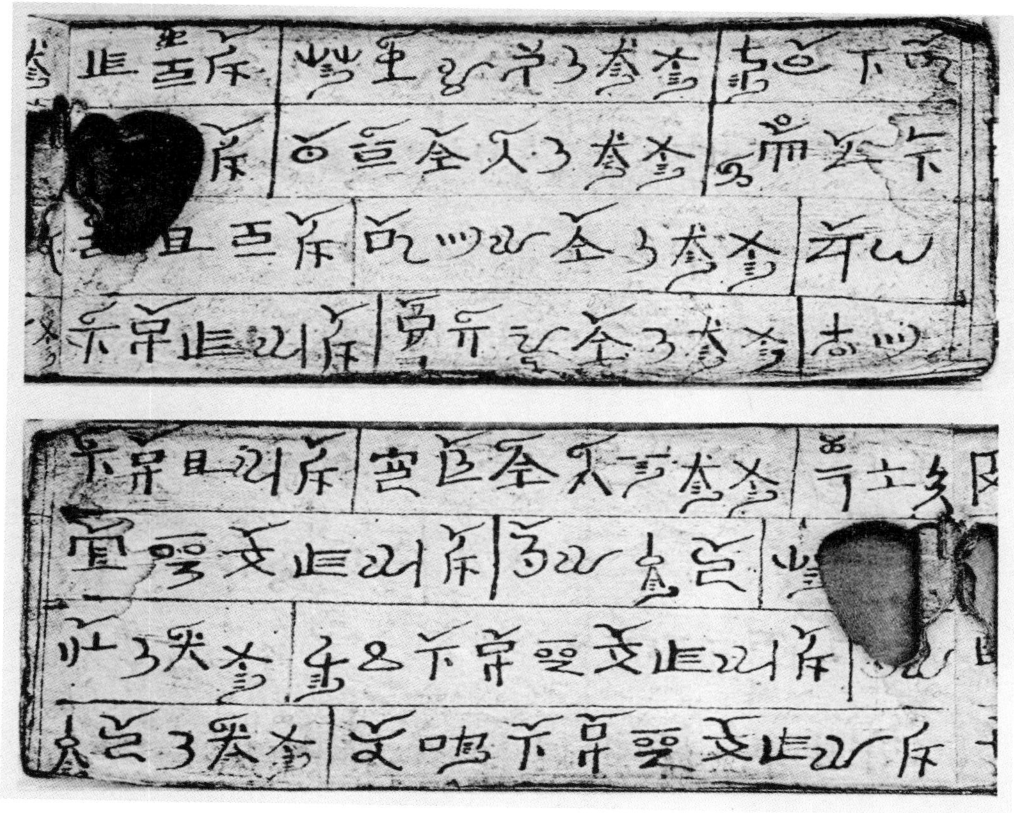

图41、42　紧随元音符号的音节文字手写本

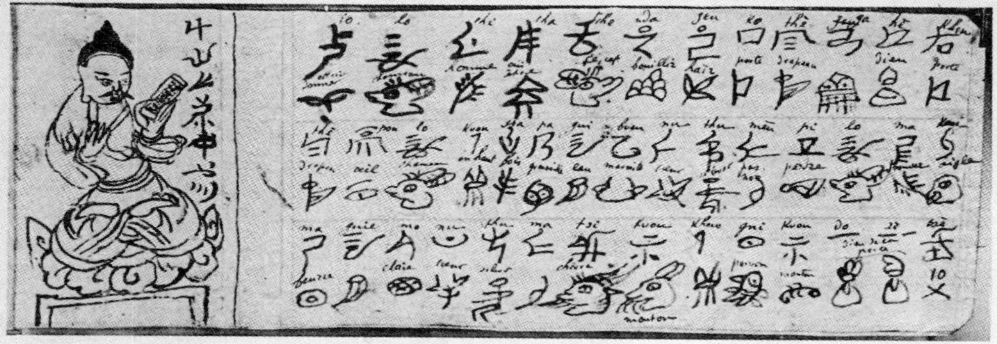

图 43、44　该书的内容是文字的高等教育

表音文字与表意文字的对应注释

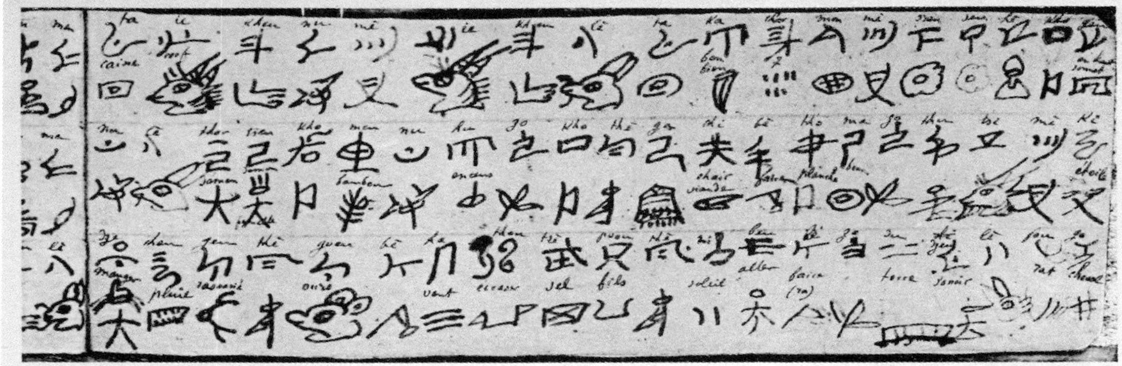

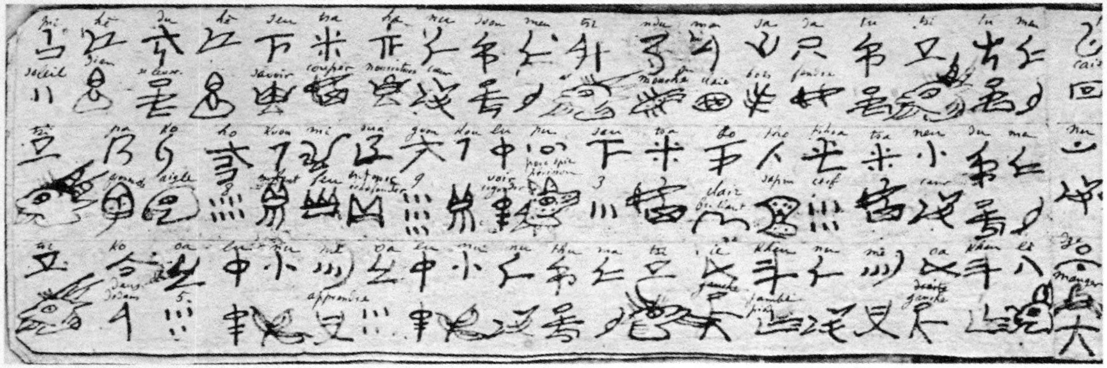

图 45、46　**该书的内容是文字的高等教育**

表音文字与表意文字的对应注释

第三部分
史地资料

有关丽江史地的文献

（节选自《通报》）爱德华·沙畹著

第一章 前 言

雅克·巴克(Jacques Bacot)先生于1907年和1909年两次到丽江旅行，带回一些资料，还有一份当地统治者的编年史和两张关于石鼓碑刻的照片。石鼓形如巨大的石轮盘，位于金沙江上游江湾西部。两张关于石鼓的照片一张是正面的碑文，刻于1548年，另一张是背面的碑文，刻于1561年。我结合明史中有关丽江的章节、一些可以确定当地地理但仍不为外人熟知的路线[1]来完成这些文章。

《木氏宦谱》[2]记载了自1382年起丽江统治者木氏家族的历史。《木氏 127
宦谱》是手写本，但极有可能某天会在巴黎并未收藏的文集中找到它的内容。它分两次撰写完成。

木公(Mou Kong)，丽江世袭统治者之一，1526至1553年间统治丽江，

① 记得在1908年的《通报》(第663～688页)中，高尔蒂耶先生以非常有效的方式收集了当时所掌握的关于么些的资料，而丽江是么些人的主要居住地。

② 张翼枢先生(Tchang Yi-chou)应巴克先生的要求，于1910年翻译了这份资料。尽管这项工作值得称赞，但我不认为这样发表就完结了。为了使这份编年史能为史学家所用，我决定做一些分析。其内容各位将在后文中读到。

是第一位萌生为自己家族撰写家谱想法的人。永昌[1]的行政长官张南国[2]为该回忆录作序并寄给杨慎[3]，请他也写几页序言。杨慎作序的落款日期是1545年11月9日。

我们熟悉杨慎(Yang Chen)。他生于1488年12月8日，卒于1559年8月8日，享年72岁，字用修，常使用别号“升庵”，著有碑铭学作品《金石古文》。他也是第一个将著名的《禹碑》[4]记录成现代文字的人。1524年起，他被放逐到云南，在流放期间写下许多关于云南的小册子。其中，不少篇幅收录于师范的《滇系》，而小文集《滇载记》则被收入《函海》和《古今说海》。不过，迄今为止，我仍未找到上文中提到的《木氏宦谱》手写本序言中的任何内容。

128
(566)
根据价值尚未明确的信息，杨慎记载的木氏起源远比《木氏宦谱》中所述的历史更久远。《木氏宦谱》所记载的历史始于12世纪初，杨慎则认为可追溯到大约生活在唐武德年间(618—626)某个叫“叶古年”(Ye Kou-nien)[5]的人。杨慎还列举了叶古年之后、木得(Mou Tö)之前的二十个继承人。木得是丽江第一个姓木的地方统治者。杨慎罗列的名单如下[6]：(1)

① 译注：今云南保山，位于云南省西南部。

② 译注：参云南省博物馆供稿．木氏宦谱(影印本)．昆明：云南美术出版社，2001．张永康代序写道：“于是修其姓氏谱牒，永昌少司徒南园张君序之”。此处疑为笔误，译者保留原文所述。

③ 关于杨慎，参李调元《函海》中《升庵先生年谱》，以及伯希和《法国远东学院学刊》(B. E. F. E. O.)，1904年，第1 094~1 095页。这部重要的文集收录了杨慎的大量作品，存于国家图书馆伯希和藏书，A，48号。该书以《升庵合集》命名，但《木氏宦谱》序言未在其中。译注：保罗·伯希和(Paul Pelliot，1878—1945)，是世界著名的法国汉学家。和继全补注：沙畹和巴克都未意识到《木氏宦谱》除了他们研究的，尚有另一部更完整的版本。

④ 译注：《禹碑》又称《岣嵝碑》《神禹碑》，传说为大禹治水时所刻。原在南岳衡山之祝融峰上，因衡山主峰名岣嵝，常以岣嵝指衡山，故此碑亦称《岣嵝碑》。

⑤ 此人在《元史》(*Yuan che*)第六十一卷第4页中被称为叶古乍(Ye-kou-tcha)。

⑥ 我借用杨慎就所有人名所提供的注释。和继全补注：杨慎罗列的名单为：(3)阳音都谷；(4)剌具；(5)普蒙；(6)普王；(7)剌完；(8)西内；(9)西可；(10)剌土；(11)俄均；(12)牟具；(13)牟西；(14)牟磋；(15)牟乐；(16)牟保；(17)阿琮；(18)阿良；(19)阿胡；(20)阿烈；(21)阿甲。

叶古年[①]；（2）秋阳（Ts'ieou-yang）[②]；（3）阳谷（Yang-kou）[③]；（4）谷工（Kou-kong）；（5）工蒙（Kong-mong）[④]；（6）蒙汪（Mong-wang）[⑤]；（7）汪完（Wang-wan）[⑥]；（8）完浓（Wan-nong）；（9）浓可（Nong-k'o）[⑦]；（10）可同（K'o-t'ong）[⑧]；（11）同庚（T'ong-keng）；（12）庚沽（Keng-kou）；（13）沽犀（Kou-si）[⑨]；（14）犀参（Si-ts'an）[⑩]；（15）参禄（Ts'an-lou）；（16）禄麦（Lou-me）[⑪]；（17）麦琮（Me-tsong）[⑫]；（18）宗良（Tsong-leang）[⑬]；（19）良兀（Leang-wou）；（20）兀亮（Wou-leang）；（21）亮甲（Leang-kia）。亮甲后是木得，为《木氏宦谱》中的第七代，而他之前的十六代未被录入《木氏宦谱》。其究竟何故？我们无法证明这份名单和木氏家族的血统有直接关联，但它也不像是人为捏造。因此，它仍具有实际历史价值。这份名单的一大特色 129（567）

① 武德年间（618—626），他的头衔是总兵官。

② 此人生活于上元年间（674—675）。译注：上元是唐高宗李治的年号。

③ 此人生活于天宝年间（742—755）（显然这里阳谷与其前任间时间间距太大）。译注：天宝是唐玄宗李隆基的年号，742—756 年，共计 15 年。

④ 贞元元年（785—804），丽江统治者的头衔改为“丽水节度使”。译注：贞元是唐德宗李适的年号，共计 21 年。

⑤ 该统治者于 787 年接受“武勋公”的封号。

⑥ 他生活于元和年间（806—820）。

⑦ 大和年间（827—835），他的官衔被改为“越析军民总官”。

⑧ 咸通四年（863），当南诏（Nan-tchao）征服东京（Tonkin）交趾（Kiao-tche）时，可同为朝廷效力，再次受封“武勋公”——众所周知，866 年唐代名将高骈（Kao p'ien）平定安南（Annam）。参《南诏野史》宋嘉铭译本第 72、73 页。译注：东京，也拼为 Tongking，是越南最北的地区；交趾，又作交阯，中国西汉至唐代郡名，今越南北部红河流域；安南，越南古称，只包括现越南北部一带，不包括现越南南部本来的占城国。

⑨ 宋乾兴四年（1025），“武勋公”封号改为“武英侯”——第十三代沽犀（1025）与第十代（863）可同的时间差显得过长。译注：乾兴（1022）是宋真宗赵恒的一个年号，仅使用 1 年，1025 年是仁宗天圣三年。

⑩ 在宋代至和年间（1054—1055），丽江当地统治者接受了“摩挲诏大酋长”称号，独立于大理段氏政权之外。译注：至和是宋仁宗赵祯的一个年号，1054—1056 年使用。

⑪ 禄麦获大将军封号。

⑫ 我们在此找到《木氏宦谱》上记载的第二代继承者阿琮（A-tsong），也就是麦琮。

⑬ 在《元史》中（六十一卷第 4 页），麦良（Me-leang）对应杨慎名单上的第十八代，被认为是叶古乍的第二十三代后人。叶古乍是杨慎名单上的第一代。因此，《元史》推断也许存在一个较之杨慎所列更真实的名单。我们注意到杨慎名单有一些断层（参第 567 注释 5 和 11）。译注：“参第 × 页”所指页码为沙畹文章发表在《通报》上时的页码，对应本版翻口括号中的数字。

是每个王名的第一个字是其前任名字的最后一个字，而这正是我们熟悉的一种用法。在南诏国[1]和维西[2]，甚至在缅甸[3]的么些人中都有这种习俗。

在《木氏宦谱》中，木得的前任仅有六人，并从第三代起与杨慎名单中
130 (568) 的第十八代相吻合。儿子的名字位于父亲名字之后，每个人的名字前都以元音阿(a)开头。该名单如下：(1)爷爷(Ye-ye)；(2)年保阿琮(Nien-pao A-tsong)；(3)阿琮阿良(A-tsong A-leang)；(4)阿良阿胡(A-leang A-hou)；(5)阿胡阿烈(A-hou A-lie)；(6)阿烈阿甲(A-lie A-kia)；(7)阿甲阿得(A-kia A-tö)。阿甲阿得从1382年起以木为姓，并叫木得。

这个姓从何而来？在《元史》六十一卷第4页中，阿良(A-leang)的名字被写作麦良，阿胡的名字写作麦兀(Me-wou)[4]。“麦”似乎是指一个部落。过去，汉族人将部落名置于部落首领的名字之前，于是部落名就逐渐被当作他们的姓氏。类似的情况如“爨”(Ts'ouan)在倮倮人首领的名字中被用作姓，叫“爨宝子”(Ts'ouan Pao-tseu)和“爨龙颜”(Ts'ouan long-yen)[5]。“爨”被原封不动地作为一个汉姓，而“麦”(Me)字则转换成了汉字“木”
131 (569) (Mou)[6]。1382年，丽江统治者采纳汉族习惯使用汉姓。中国大旅行家徐弘祖(1586—1647)[7]为我们证明了其真实性，说丽江府有两大姓，“木”(Mou)是统治阶级，“和”(Ho)是平民，并补充说：“最初，统治者们姓麦，从汉朝一直持续至今(明朝)，而明太祖将“麦”改成了“木”。[8]

继木公执政的1526—1553年后，也是在杨慎1545年作序之后，《木氏

---

① 参《南诏野史》宋嘉铭译本第61页中注释1。

② 根据《维西闻见录》(参第572页注释1)，么些人取名是以祖父名字的最后一个字加父亲名字的最后一个字再加一个字构成的，即“以祖名字末加父名末一字再加一字为名”。

③ 参伯希和《法国远东学院学刊》，1904年，第165～166页。

④ 需要补充说明的是，上述杨慎名单中的第十七代麦琮在麦良和麦兀之前。“麦”似乎是麦琮父名的重复。这样，这个问题就变复杂了。

⑤ 参1909年7～8月翻译发表在《亚洲学报》上的《爨宝子碑》(*Ts'ouan Pao-tseu*)、《爨龙颜碑》(*Ts'ouan long-yen*)碑文。

⑥ “麦”(Me)和“木”(Mou)字等同的证据在《南诏野史》宋嘉铭译本第182页注释6和185页注释2中。其中，部落名字Me-tch'a写作“麦岔”和“木察”。

⑦ 译注：徐弘祖生于1587年，卒于1641年。

⑧ 徐弘祖(Siu Hong-tsou)，字霞客，著有《徐霞客游记》。在此引用的内容出自该书第7卷第6页：“初具姓麦，自汉至国初，太祖乃易为木”。普雷菲尔(Playfair)注释说，丽江的么些人都姓和，但允许内部通婚。参《中国评述》第五卷，第98页。

宦谱》一直记录到木德(Mou Tö)去世的1777年。木德的4个继承者虽被提到，但除名字之外别无其他。此后增补的内容，应属陈钊镗(Tch'en Tchao-t'ang)写序后的年代，即1841年。

《木氏宦谱》在起源问题上十分谨慎，几乎没有提到么些部落的任何资料。只说么些最初由攻占丽江的“么”(Mo)和“些”(So)两部分构成。南诏时期，即公元8世纪方形成“诏”或“么些诏”。

花马国(Houa-ma kouo)①因山上形似马的杂色石头得名。“么些诏”与“花马国”能否混为一谈？有一种说法认为，这座山距丽江北300多里。花马国一直独立存在，直到13世纪被丽江统治者所征服变成丽江属地。② 132（570）
《木氏宦谱》赞同第二种说法，却未提及过去丽江统治者和花马国统治者之间的关系。实际上，在讲述年代不详的两位祖先的传说后，《木氏宦谱》仅从1253年，即未来皇帝忽必烈(Koubilaï)南征云南开始记载。

蒙古人的征战毫无疑问成为一个新起点。公元8世纪到13世纪中叶，大理地区形成强大的南诏国。它虽历经多次易名，但依然财力雄厚。南诏时而与中原结盟，时而与西藏联合，奉行自己的政策，统治人口众多。丽江仅为其中一个属地，由与大理其他区域的民族截然不同的么些统治者管理。当时，蒙古人决心攻占中原南部，于1253年从西南攻打南诏国的继承国——大理入手。这次胜利成为整个云南发生重大转折的标志，大理不仅丧失了其独立性，势力范围也大为减少，过去的属地四分五裂，被掌控到许多小乡绅或地主手中。从那时起，丽江的统治者直属朝廷管辖，有了自己的历史。这也是《木氏宦谱》由此开始记录的原因。 133（571）

明朝时，木氏受朝廷重视并为朝廷效力与缅甸打仗，尤其是参与对藏用兵。对藏战事的胜利被记录在1548年和1561年的碑文中，其内容我们将在后文中看到。坦率地说，这些碑文对所指历史事件的叙述并不清晰，但仍有参考价值，至少我们可以从中了解被记录的民族的尚武性格。碑文颂扬铁骑浩浩荡荡踏霜而行，击溃敌军，势如破竹，血流成河。战士们沉浸在胜利的喜悦中挥舞短剑利刃，仿佛让人获得一种超自然的生命。我们未曾在中原汉族诗歌中看

① 参《南诏野史》宋嘉铭译本第10～11页。

② 参《木氏宦谱》“第三代”。

到类似的风格，感受到一丝并非来自中原的史诗气息。

明万历年间(1573—1619)[1]，丽江统治者的势力达到顶峰。他们成功
134 (572) 地将藏族人从维西赶走，虽遭到维西下辖6个村镇[2]的顽强抵抗。此次胜利后，丽江统治者成为维西和中甸[3]无可争议的主人，将藏族逐出奔子栏(Pen-tseu-lan，Pongdzéra)[4]，还将在北方的统治延伸到理塘和巴塘。这种辉煌一直持续到17世纪后半叶的瞬间崩塌。那时，著名将领吴三桂(Wou San-kouei)得到清朝赋予的特权，即拥有四川、云南两省的绝对权力。他很快滥用特权，并打算以自己的名义像皇帝一样授诏书给当地官员。丽江统治者试图反抗，反而被监禁了7年。1674年，吴三桂公开反叛，寻求西藏的支持。为博取西藏人的好感，他把从丽江统治者手中夺取的5个地方送给西藏。1678年，吴三桂突然去世，他的孙子吴世番(Wou Che-fan)[5]推行相同的政策，从丽江割让出金沙江畔维西下属的两个村镇其宗(Ki-t'song)和刺普送给西藏。[6] 于是，木懿(Mou Yi)失去了祖先们以辉煌战绩得来的西边要道，并再也无力收复失地。1720年，木兴(Mou Hing)负责协
135 (573) 助朝廷军队对藏用兵。

由于一些模糊的原因，木兴遭到四川总督[7]的仇恨，甚至在木兴死后

---

[1] 译注：万历(1573—1619)是明神宗朱翊钧的年号。“万历”这个年号共使用了48年(1573—1620)，是明朝使用时间最长的年号。

[2] 维西位于丽江西。维西城位于澜沧江和它左侧支流永春河(Yong-tch'ouen ho)之间，所辖6个村镇：(1)其宗(Ki-t'song)和(2)刺普(La-p'ou)这两个镇位于金沙江右岸，丽江西北部；(3)康普和(4)叶枝这两个镇位于澜沧江畔；(5)奔子栏位于金沙江畔，刺普北部；(6)阿墩子(A-touen-tseu，Atentse)位于奔子栏西北部。这些资料均出自余庆远撰写的小册子《维西闻见录》。余庆远的兄长于1769年被任命为丽江通判。有关喇嘛的介绍由博卫(Beauvais)先生翻译发表在《史地描述学刊》(1904年第1期)。

[3] 中甸位于丽江正北方，金沙江另一侧。

[4] 维西下设的6个村镇之一。我们援引的《维西闻见录》中，“阑”字被“栏”字代替。

[5] 译注：沙畹在原文中加注中文写作“吴世番”，译者保留沙畹原文写法。后文中不做重复注释。

[6] 根据《木氏宦谱》，我们不好确定割让的具体时间。《维西闻见录》则认为此事系吴世番所为。《圣武纪》(*Cheng wou ki*)第5卷第3页，吴世番曾写信向青海藏族人(Koukou-nor)求救，并许诺割让中甸和维西，但此信函被朝廷截获[参洛克希尔(Rockhill)，《拉萨的达赖喇嘛》，《通报》1910年，第20页]。《东华录》(*Tong houa lou*)(康熙二十年十月)中记载，康熙九年割让中甸，但我认为应该是康熙十九年(1679)。

[7] 白郎补注：年羹尧。

他的后人还继续遭到报复，一直拥有的“知府”(tche fou)官衔被降到辅助知府的“通判”(t’ong p’an)一级，十分卑微。1729 年[1]，朝廷颁布法令委派朝廷命官，木氏七人获得低微的官衔：三人为土千总，四人为土把总。[2]曾经显赫的木氏统治就此终结。

木氏不仅在政治上展示其影响力，在宗教方面也出现一些虔诚的代表人物。距丽江城南较远处矗立着一座与内地许多名山媲美的大山，它以印度一座圣山“鸡足山”(Kukkutapadagiri)为名。鸡足山距宾川州(Pin-tch’ouan)西北一百多里，与距邓川州(Teng-tch’ouan tcheou)东部的距离相当，是这一带著名的佛教圣地。丽江统治者常成为施主，捐助修缮山上的寺院。1615 年，木增在鸡足山修建华严阁作为藏经阁；1617 年，木增为给母亲祈福增寿，修建悉檀寺，并在寺内修建万寿殿；1628 年，他向朝廷求得《大藏经》(Tripitaka)[3]一部，供奉在悉檀寺内。寺内僧人为感谢木增，136 (574)
为他修建一座祠堂“木太守祠”[4]。1629 年，木增的儿子木懿又在悉檀寺内修建了法云阁[5]；1638 年，木懿在文笔山顶修建了 66 尺高的尊胜塔[6]；1687 年[7]，木尧(Mou Yao)修缮悉檀寺门阁。似乎丽江统治者们都对悉檀寺情有独钟。

如果认为木氏家族是没有教养的野蛮人，那显然错了。他们对优秀宗教，如对佛教虔诚；石鼓碑文反映出他们对汉语言文学的掌握；他们有成功顺应不同朝代的灵活外交手段。这些都让我们觉得木氏是西南地区土官 137 (575)

① 白郎补注：应为 1723 年。

② 参《维西闻见录》。

③ 参《鸡足山志》(*Ki tsou chan tche*)第四卷第 4、25 页。我们在此借鉴的鸡足山专著资料是巴克先生带回的。《鸡足山志》由云贵总督范承勋(Fan Tch’eng-hiun)于 1692 年出版。1640 年，徐弘祖(参第 570 页注释 1)编写了第一部《鸡足山志》，在《徐霞客游记》第十卷第 13 ~ 19 页中给我们留下八卷目录。似乎大错(Ta-ts’o)和尚对第一部进行过校对和增补。尽管范承勋在前言中暗示了前人成果，但他依然宣称该书是原创的。事实上，很难判断是否如他所说那样没有借鉴前人的成果。

④ 同上书，第 5 ~ 6、33、31 页。

⑤ 同上书，第四卷第 25 页。

⑥ 同上书，第四卷第 13、32 页。在这两种情况下，丽江当地统治者的名字应是木靖(Mou Tsing)，但在《木氏宦谱》中 1638 年的统治者是木懿。

⑦ 据《木氏宦谱》，木尧直到 1688 年才掌权。

中最文明开化的家族之一。这种评价不足以让我们对其引起重视。我们也自问：这样一份表面有限的地方编年史究竟有多少现实意义？这也是我们试图解答的问题。

一方面，我们注意到丽江邻近西藏，具有重要的战略地位。它不仅是著名的川藏古道的起点，经过中甸和奔子栏到达江卡①；它的属地巴塘、理塘也同处川藏要道。可以说，在鼎盛时期，丽江绝对掌握着进藏的南大门。因此，中原一直把丽江当作抵御西藏人入侵的一道屏障，他们鼓励丽江统治者使用武力让那些“无可救药的掠夺者”感到敬畏；当他们要远征宿敌，就要求丽江人提供侦察员、向导，还要保证军队的给养。

另一方面，丽江拥有通往澜沧江和怒江的河谷通道，与缅甸人和西双版纳(Sib-song pannas)的村镇有联系，且常保持贸易往来。因此，丽江在
138（576）这些区域事务中也有一席之地。丽江的政治并不局限于自己的领土，而是延伸到西藏西部，向南则推进到缅甸、老挝。它参与朝廷在遥远边陲的事务，将自己的历史和中国历史联系在一起，并在某一方面闪耀光芒。

如果朝廷需要戍守威胁最大的边境之一，我们推想他们会用尽心机拉拢丽江统治者。我们也已找到朝廷笼络人心的有趣例子。首先，朝廷授权保证当地统治者的领主地位；由吏部授予委任状，并让他们据此行使对应权力；接着朝廷通过礼物获取当地统治者的友谊；给予大量赏金表示对他们的满意；加官晋爵、授予勋章满足他们的虚荣心。为了同化当地统治者，朝廷要求他们穿汉人服饰。我们可以通过巴克先生所带回的丽江土司26幅肖像看到这些丽江土司穿着朝廷的华丽官服，其变化和朝廷官服变化同步，具体如清朝官服代替明朝官服的改变也体现在他们身上。另一个同化的方法是语言。朝廷要求土司们改汉姓，将地名改为汉语名称。这一切完全像我们在阿尔及利亚的做法，将盖东港(Port-Gueydon)改名阿泽丰(Azeffoun)、米舍莱(Michelet)改名阿依那镇(Aïn el Hammam)，原来的名字和外人强加的新名字同时存在。所以，丽江现在还常用旧地名“三赕”来称呼。最后，我们还注意到朝廷还在当地培养了第一批学习汉语、了解汉
139（577）语诗歌散文之美的人才，让他们成为“真正的”文人。我们对此无须抱怨，

① 译注：芒康宗，即今芒康县，在西藏自治区东部。

因为在这种情况下，我们才有机会获得 1548 年和 1561 年的碑文和《木氏宦谱》，让我们来欣赏中国文学独特的吸引力。这种绝妙的魅力深入并征服了半个亚洲，远比武力征服更有效。

无论丽江统治者们如何受汉文化吸引，他们依然留意不与汉族血统混合。据《木氏宦谱》记载，丽江历任统治者正室的子嗣才有权继承父业，而正室都是当地头人的女儿。通过这种婚姻方式，就可以确定属于同一亲族的一些家庭，因为丽江统治者们极有可能只与同一亲族内的女性结婚。有一点至少现在可以得到确认：他们从不娶汉人为妻，以保持血统的纯正，哪怕他们与汉人的交往日益频繁密切。

这种血脉的延续是引起我们重视其历史的一个重要因素。南诏国与大理国足以让我们追溯云南五百年的历史。此后，在貌似统一的中国行政统治下，我们似乎只能看到各个分散的部族。现在，一切更加明朗，我们发现当地原住家族比我们想象的更加稳固。或许他们已经失去了昔日的辉煌，但仍然存在。通过追溯他们的家谱，可以看到他们的角色愈发清晰、 140（578）
愈发重要。这些家族是编织历史脉络的主线。在中原、在西藏地区及中缅边境，各民族混杂、动荡不安，类似《木氏宦谱》这样的编年史如同过去黑暗的历史中出现的一线光明。

第二章　路线指南[①]

路线 A[②]

从巴塘经中甸厅(Tchong-tien t'ing)到丽江府的路线

141 (579) 在巴塘和丽江之间有两条路——第一条：从巴塘向西出发，在竹巴笼

① 在我的注释中，使用以下简称：

地图 A，a = 由雅克 · 巴克先生于 1907 年拟定，法国传教士走遍西藏东南部的详细地图。比例尺为 1∶400 000。

地图 A，b = 由雅克 · 巴克先生 1907 年拟定的西藏东南部周边地区的 3 页草图。比例尺为 1∶1 000 000。

地图 B = 中亚地区西藏地图，由杜特依(J. L. Dutreuil)绘制，出自与著作《中亚》一起出版的地图集，巴黎：勒鲁出版社(Leroux)，1889 年。

地图 C = 云南府到成都府的路线，由鲍楠绘制，《地理协会简报》，1898 年第 4 季度。

地图 D = 云南地图，戴维斯少校绘制，出自其著作《云南，位于印度和扬子江的连环》的末尾，剑桥，1909 年。

地图 E，4，5 = 路线 4，从巴塘到阿墩子；路线 5 从阿墩子到子夸(Tzü-kua)；由吉尔(William Gill)绘制，出自《金沙江边》第 II 卷。

② 这条线路在黄沛翘(Houang P'ei-kiao)撰写的《西藏图考》一书第四卷末尾。黄沛翘，字寿菩(Cheou-P'ou)。《西藏图考》一书前言写于 1886 年，但该书直到 1894 年才正式出版。作者借鉴一位名叫黄懋材(Houan Meou-ts'ai)的人于 1878 年从四川到印度(Inde)所经过的路线。返程途中，黄懋材因遭遇当地的部落叛乱，无法以常规路线经过理塘、打箭炉，而是从巴塘返回成都(Tch'eng-tou)。他不得不借道云南，从巴塘到中甸再到丽江。多亏他的描述，我们才了解这条路线。1880 年，塞切尼(Szechenyi)也重走了这条路。译注：塞切尼(Béla Széchenyi)，匈牙利伯爵，1837 年 2 月 3 日出生于佩斯(Pest)，1908 年 12 月 12 日卒于布达佩斯(Budapest)，匈牙利著名的地理探险家。

(Tchou-pa-long)[1]过江，经过9个驿站到阿墩子[2]，再经过10个驿站则到达云南的维西厅(Wei-si t'ing)[3]，整个行程在金沙江外侧[4]行走。第二条路[5]：从巴塘向南出发，经过六玉(Lieou-yu)[6]和奏堆(Tseou-touei)，到达云南的中甸厅[7]，整个行程在金沙江内侧[8]行走。这条线路较第一条线路少几个驿站，但要穿过一片人迹罕至的原始荒凉区域，所以要充分准备干粮、帐篷，在满天星斗下露营。需要补充说明的是，道路两旁有一些原始部族，我们完全不知他们是否安分守己。光绪四年(1878)，江西贡生黄懋材受四川总督所托前往印度。当他返程到达巴塘时，当地原始部落封锁其前行的道路，他只好转道中甸到丽江，并由巴塘当地首领派士兵和古操[9]护送。 142 (580)

从巴塘到小巴冲(Siao-pa-tch'ong)[10]有30里，我们在小巴冲住宿。

次日，我们向南直行50里达到林口(Lin-k'eou)，翻过一座雪山，夜幕降临时到达黑帐房(Campement noir)住宿。这一路超过70里，沿途没有水和牧场，也没有可以歇脚的地方。

次日，我们沿着山谷下了陡坡，经过老林(Lao-lin)然后向东南方向前进。过了两座木桥，所看到的左侧河水从邦义木(Pang-yi-mou)流至此地。这一路共走了50里，我们到东拉多(Tong-la-to)[11]住宿，附近有六七座

---

① 地图B中的竹巴笼，同地图D中Chu-pa-lung、地图E，4中的Chu-Ba-Lang或者Chru-Ba-Long。译注：此部分是同一个地名在各个版本的不同音译，因此不单独翻译为不同汉字，而是全部保留沙畹记音时的不同拼写方法。

② 地图A，a中的阿墩子，同地图B、C中的Atentzé，地图D和E，4中的A-tun-tü。

③ 地图A，a、B和C中的维西，同地图D中的维西厅。

④ 指西边。

⑤ 此线路即后文中将描述的黄懋材所走的路线。

⑥ 这个地方我们还将在后文中看到，同地图A，a中的Dzong-dza。

⑦ 地图A，a中的中甸，同地图B中的Tchong-tien、地图C中的Tsong-tien fou、地图D中的Chung-tien。

⑧ 指东边。

⑨ “巴塘土司率兵役古操护送焉。”我不明白“古操”的意思，可能是指当地原住民古宗族。参《南诏野史》宋嘉铭译本第68页注释4，以及本文所述黄懋材的叙述。白郎补注：疑“古操”应为“古宗”，古宗是藏族人的他称。

⑩ 地图A，a中的小巴冲同地图E，4中的Ba-Jung-Shih或者Hsiao-Pa-Chung。

⑪ 同地图A，a中的Toungnando和地图D中的Dareundo。

石屋。

次日，我们沿河南下，气候逐渐转暖，沿途都有居民，行了60里后到达竹挖根红教寺(Tchou-wa-ken)[1]并在那里住宿。寺里有300多个喇嘛，喜经堂和佛堂都很漂亮。

143 (581) 次日，我们下山走了50里，到达六玉[2]住宿。这里气候温暖，土壤肥沃，很像巴塘。附近村子有300多户人家，设立一个叫“桀敖”[3]的小官。水流在此转弯，向西南汇入金沙江。还有一条从南边来的小河在此交汇。六玉向左[4]走8个驿站就可到达阿墩子[5]，向前走4个驿站就可到达德绒(Tö-jong)，向右沿着小山谷前行则是通往中甸的道路。

次日，我们行走了30里，沿路有一些石屋。人们将屋内照得灯火通明，表示对来客的尊重。[6] 我们到达仁堆(Jeu-touei)[7]过夜。

次日，我们向东斜插入一片密林，林中非常寒冷。又过了一个山口，到达一片平原，气温渐渐升高，然后我们下坡进入一片松林，接着转向东南沿着峡谷下行。一路走了100里到达奏堆[8]过夜。那里零零散散有一些
144 (582) 石屋，住着60多户人家。

次日，我们沿着一个陡坡南行，道路十分狭窄。当我们到达喀沙(K'o-cha)[9]，也就出了峡谷。我们远远望见从东北边过来的巴达隆(Pa-ta-long)河流经此地，水流湍急。又走了几里路，过了一座木桥继续南行十几里，再过一座木桥后向河西岸斜穿直到喀拱(K'o-kong)[10]，投宿时共行90里。

---

① 同地图D中的Troï-gön。

② 这个地方对应地图A，a中的重要地点Dzoung-dza，在地图D中标为Ruian-dzong-tsa，极可能“Ruian”和汉字六玉对应。

③ “设桀敖一名”，吉尔(Giles)在他的字典中解释说，“桀敖”意为“专断骄傲”。在此，据上下文理解，我认为“桀敖”应为一官职名。

④ 此处有些让人费解，因为阿墩子在西南部，所以应该是右边。同理，下文中的“中甸在东南边”应该是左边。据我所知，中国人的右边对应西边，而左边对应东边。

⑤ 参第580页注释2。

⑥ 巴克先生也曾在怒江上游的潞子那里得到同样的待遇。(参巴克《西藏暴动》256页)

⑦ 同地图A，a中的Chente。

⑧ 同地图A，a中的Tzde。

⑨ 同地图A，a中的Bozo。

⑩ 同地图A，a中的Katchoun。

喀拱，一个高高的山顶上有些零星的石屋。

次日，我们沿河南下，经过一些陡峭险峻的地段，走了 40 里，到达邱麦（K'ieou-me）①投宿。

次日，我们继续沿河偏西南方向前行，并走了 40 里到达邦多（Pang-to）②住宿。一条来自东北方向的河流与立登河（Li-teng）、三坝河（San-pa）在此交汇。

次日，我们沿河南行 30 里，到达工拍喜（Kong-p'e-hi）。那里有一间石屋可以住宿，但天色尚早，我们又赶了 30 里路到栱马通（Kong-ma-t'ong）住宿。当我们从黑帐房③一路行来，居民间大都相隔几十里。从奏堆到栱马通是羊肠鸟道，千沟万壑，绝非常人能行。 145 (583)

次日，我们向稍偏东南方向前进。下了陡坡，我们渡过拉楮河（La-tch'ou）④。这条河由理塘许多小河与二郎湾（Eul-lang-wan）交汇而成，然后向南流至此处，与巴达隆河交汇。我们走过一座木桥，但见这里地势险峻，令人生畏。然后，我们爬上一座陡坡到夹渚（Kia-tchou）⑤过夜，几十户蛮族（Man）人家住在绝壁缝隙中。

次日，我们沿河向南，先上陡坡后下峡谷。经过一个蛮族小村庄时，见村里有一些石屋。到达擦拉（Tch'a-la）后，我们爬上一堵峭壁，发现一条小道依峭壁而开。翻过峭壁，可以远望到金沙江水流在此转东，金沙江南面则是维西厅⑥。我们又开始沿山坡蜿蜒前行，陡峭的山崖有 9 000 英尺高，可以鸟瞰金沙江。当天，我们行进 60 里到阿鹿宫（A-lou-kong）⑦住宿。 146 (584)

次日，我们沿江向东南方向前进，山路陡峭。下了一个陡坡后走了 30

① 同地图 A，a 中的 Choumé。
② 同地图 A，a 中的 Panto。
③ 黑帐房在第二天行程中已提过。参第 581 页。
④ 同地图 A，a 中的 Ra-tchou。
⑤ 同地图 A，a 中的 Kucho。
⑥ 参第 572 页注释 1。
⑦ 同地图 A，a 中的 Alikong。

里便到达奔子栏[①]，那里有一个渡口。在其南岸，分散着一些石屋，建了一个由把总管理的营地。此地西去阿墩子[②]3个驿站，东去塔城关（T'a-tch'eng）[③]两个驿站，北岸则只有一栋隶属巴塘管辖的蛮族房屋。当天，我们又走了20里到土照壁（T'ou-tchao-pi）投宿。

次日，我们继续沿江向东南方前进，翻山越岭走了35里到达桥头
147
(585)
（K'iao-t'eou）[④]。此地的桥和耿中桥（Keng-tchong）不同，设有"外委"[⑤]，地处滇川交界处。流经这里的河从东北方向来，宽度、深度都和巴达隆河差不多。我们由此向东直走，再也看不到金沙江[⑥]。走5里后到达农巴庆多（Nong-pa-k'ing-to）[⑦]投宿。那里有几十户人家，两条河流交汇于此并向南流入金沙江。

次日，我们向正东方向前进，爬过一座陡坡，走了30里后，经纸坊

---

① 同地图A，a中的Poungdzera、地图B中的pongdzera、地图D中的Pan-tzü-la、地图E中的Poung Dze Lan。译注：在此部分，沙畹对部分地名加注有中文，故均保留其写法。

② 参第580页注释2。

③ 据康熙五十九年十一月《东华录》中的描述，它位于金沙江沿岸。我们读到的如下：金沙江发源于达赖喇嘛府邸东北方向的乌尼尹乌苏山（Wou-ni-yin wou-sou），汉语名为乳牛山（Jou nieou chan）。江水从山中流出，被称为穆鲁斯乌苏江（Mourous oussou），流向东南的喀木（Kham）地区，然后经中甸，进入云南塔城关（T'a-tch'eng kouan），以金沙江为名。然后，流入丽江府，称为丽江。

④ 请注意不要将奔子栏附近的桥头和另一个更南端同名的桥头混为一谈。更南端的桥头位于金沙江右边支流的桥头河口，在地图A，a中标为Chiaotou，在地图E，5中则标为Ch'iao-T'ou。旅行家记述的耿中桥，标注于1905年上海商务印书馆的《中国地图册》"云南地图"中，位于滇川交界处。它被标明属于巴郎河，距金沙江东有一定距离。我觉得，这条河就是路线中的巴达隆河。这也就能够解释旅行者所说的流经耿中桥的河与巴达隆河深宽一致。事实上，所指者为同一条河。暂时离开它后，沿金沙江而下就接近奔子栏，这里不过更下游一些而已。

⑤ 译注：清代的低级武官，职位与千总、把总相同，但薪俸较低。

⑥ 我觉得句子位置似乎颠倒了。这应是在从金沙江到桥头或耿中的行程之前。正如下个注释所述，或许在此变更了路线。

⑦ 似乎在土照壁和农巴庆多之间有两天的行程，而不是一天。极可能存在一个路线遗漏。我们注意到，在下文中，作者说从巴塘到中甸历经18天，但是根据所列的日程计算却只有17天。此外，根据线路B，奔子栏到中甸有310里，而根据路线A计算则只有190里。

塘(Tche-fang-t'ang)①继续前行20里到泥溪(Ni-k'i)②住宿。这里十分开阔，住有200多户人家。

次日，我们点着火把出发，走了20里才天亮。我们又走了20里，到 148 (586)
达昌多(Tch'ang-to)③。这里与内地十分相似。从这里开始，地面逐渐平坦。又走了40多里，我们经过一个水面几十里宽的湖泊。当天，我们共走了80多里到达中甸④住宿。从巴塘到中甸，我们一共走了18天⑤，总里程超过1 000里。中甸抚夷同知⑥的辖区超过300里，人们所讲的语言和西藏人的语言不同。信奉红教、黄教⑦的2 000多个喇嘛分布在城外许多大寺院里。

我们从中甸向西出发，所行走的80里，道路平坦，居民众多，当晚到达小中甸(Siao-tchong-tien)⑧住宿。

次日日出前，我们赶路40里登上一个山顶，那里寒风刺骨。接着，我们下山又走了60里，道路更加陡峭蜿蜒。当天共行进100多里。由于春夏涨水，只得从小中甸改向经吉沙(Ki-cha)到格六湾住宿，并在此⑨重新找回常规路线。此行程多行了30多里，但道路宽阔平坦。

次日，我们又沿金沙江向东南行进。这里气候温和，土地肥沃，盛产大 149 (587)
米。我们走了90里，到达梧竹(Wou-tchou)⑩住宿。那里住着几百户居民。

次日，我们又沿江向东南行进60里。江面布满漩涡，山上郁郁葱葱，家家瓦房，村寨相连，让我们不禁联想到江南景色。接着，我们到达冷渡水(Leng-tou-chouei)⑪过夜。

次日，我们向偏东南方向前进50里，到达木笔湾(Mou-pi-wan)，然后

---

① 同地图A，a中的Tchi fan lun。

② 同地图A，a中的Ndji chi、地图D中的Ni-ssü。

③ 同地图A，a中的Toung té、地图D中的Tan-tui。

④ 参第580页注释7。

⑤ 参第586页注释2。

⑥ 译注：明清时期官名，是知府的副职，正五品，因事而设，每府设一二人，无定员。

⑦ 译注：即藏传佛教格鲁派，译者按原文直译。

⑧ 同地图A，a和地图C中的Siao tsong tien、地图C中的Hsiao-chung-tien。

⑨ 指格六湾(Ko-lieou-wan)。

⑩ 同地图A，a中的Odjou、地图C中的Odjou(Wu-chu)。

⑪ 同地图A中的Lindou、地图C中的Lindou(Leng-tou-shin)。

渡江到阿喜汛(A-hi)[1]住宿。这里已属于丽江地界。

次日，我们上下陡坡30里到达剌是坝[2](La-che-pa)，那里有一个水面几十里宽的湖泊。我们又翻过两个坡，穿过一片平坝，总共走了70里到达丽江府住宿。

从中甸到丽江，我们走了6天，总里程450里。

150(588) 丽江就是过去六诏之一的么些诏属地。在城外，有一座大雪山，曾被南诏国蒙氏王公“狡猾地”[3]授予“北岳”(Pie du Nord)封号，至今仍保留着当时修建的寺庙。

明朝洪武年间(1368—1398)，宣抚司副使阿得(A-tö)[4]率其子民向朝廷称臣。皇帝赐姓“木”并授“土知府”头衔。木得的后代一直继承此封号。清雍正元年(1723)，朝廷更换当地政府，将权力交给朝廷委派的官员，当地统治者被降为土通判[5]。

丽江有9种原住民族：(1)么些，(2)傈僳(Li-sou)[6]，(3)倮倮，(4)古猔(Kou-tsong)，(5)西番，(6)巴苴(Pa-sie)，(7)剌毛(La-mao)[7]，(8)
151(589) 俅夷(K'ieou-yi)[8]，(9)怒夷[9](Nou-yi)。俅夷和怒夷住在澜沧江流域以外。

---

① 同地图A中的Achi、地图C中的Ashi、地图D中的A-hsi。根据鲍楠先生所述，金沙江江面宽200米，阿喜汛渡口海拔1 800米。

② 在中文古籍中第一个字是“刺”，应该读为“刺是坝”(Ts'eu-che-pa)，而地图C中为Lasepa，地图A注名为Lasepa。所以，最好读“剌是坝”(La-che-pa)。译注：即今拉市乡。

③ 公元784年，南诏王打算效仿中原的做法，在其统治区域确定四方和中部，封距丽江城北20里的玉龙山(Yu-long chan)为“北岳”。参《南诏野史》宋嘉铭译本第49页；鲍楠《地理社会学刊》，1898年，第391~392页。

④ 即《木氏宧谱》中的木得。

⑤ 此头衔1729年被朝廷收回，参第574页。可以确定的是，1769年朝廷委派的丽江通判就是《维西闻见录》的作者余庆远的兄长。参第572页注释1。

⑥ 明显读作“傈僳”。参《南诏野史》宋嘉铭译本第181页。

⑦ 可能是指西藏喇嘛。参《南诏野史》宋嘉铭译本第187页；J. 博维《云南喇嘛》，《史地评述学刊》1904年第1期，第82~95页。

⑧ 参《南诏野史》宋嘉铭译本第186页。

⑨ 怒江畔的民族。和继全补注：古猔，也写作“古宗”，藏族；西番指普米族；巴苴，也是普米族；剌毛，白族的支系；俅夷，指独龙族。

路线 B①

由西路自中甸经奔子栏②至巴塘路程

自大中甸(grand Tchong-tien)③到丽江寺(Li-kiang sseu)④	+a+b+c+d+e	35 里
自丽江寺至哈罗(Ho-lo)⑤	+a+b+c+d+e	30 里
自哈罗至拖地(T'o-ti)⑥	+a+b+c+d+e	15 里
自拖地至难刁(Nan-tiao)	+a+b+c+d+e	15 里
自难刁至宜习(Yi-si)[汉语名称是官房(Kouan-fan)]	+a+b+c+d+e	10 里
自宜习至早客(Tsao-k'o)	+a+b+c+d+e	6 里
自早客至河底(Ho-ti)⑦	+a+b+c+d+e	90 里
自河底至香东(Hiang-tong)⑧	-a+c+d+e	53 里
自香东至奔子栏⑨	-a+b+c+d+e	56 里　152 (590)

---

① 此路线和此后的路线均引自《续云南通志稿》(*Siu Yun nan t'ong tche kao*)第七十一章“武备”(Préparatifs militaires)。在线路 B 和线路 C 的每一站路，均标注各种细节。

我们则用一些固定结构来代替文字表述。

+a 表示道路通畅	-a 表示道路陡峭
+b 表示有水	-b 表示无水
	±b 表示水很少
+c 表示有草料	-c 表示无草料
+d 表示有可取暖的木材	-d 表示无可取暖的木材
+e 表示有居民	-e 表示无居民
	±e 表示有少数居民

② 奔子栏(参第 585 页注释 1)，同线路 A 中的奔子栏(Pong-tseu-nan)。

③ 参第 587 及 580 页注释 7。

④ 这座丽江寺对应地图 A 中的 Gomba 寺。

⑤ 地图 A，a 中的擦拉。

⑥ 地图 A，a 中的昌多。

⑦ “从中甸至此可乘车。”译注：此处使用了引文，但并未注明出处。

⑧ 香东应对应路线 A 的桥头(参第 585 页注释 4)。依据路线 B，此处要过河。

⑨ 奔子栏(参第 585 页注释 1)。

自奔子栏至中达(Tchong-ta)①	-a+b+c+d+e	27 里
自中达至齐妹(Ts'i-mei)	-a±b-c+d±e	18 里
自齐妹至翅菊(Tch'e-kiu)	+a+b+c+d+e	10 里
自翅菊至牛场(Nieou-tch'ang)	-a+b+c+d-e	70 里
自牛场至阿墩子②	-a-b-c+d-e	72 里
自阿墩子至陶村(T'ao ts'ouen)	-a+b+c+d+e	30 里
自陶村至参念村(Ts'an-nien ts'ouen)	-a+b+c+d+e	105 里
自参念村至严那(Yen-na)	-a+b-c+d-e	90 里
自严那至香干定(Hiang-kan-ting)③	+a+b+c+d+e	90 里
自香干定至色利(So-li)	+a+b-c+d-e	60 里
自色利至仍宗农(Jeng-tsong-nong)	-a+b+c+d-e	60 里
自仍宗农至东宗南土(Tong-tsong-nan-t'ou)		60 里
自东宗南土至巴塘④	+e	60 里

路线 C

由东路自奔子栏⑤至巴塘的路线

153 (591)	自奔子栏至阿利各(A-li-ko)⑥	-a+b-c+d+e	30 里
	自阿利各至干受(Kan-cheou)⑦	-a+b+c+d+e	50 里
	自干受至共莫受(Kong-mo-cheou)	-a+b-c+d+e	30 里
	自共莫受至宝陶村(Pao-t'ao ts'ouen)	-a+b-c+d+e	30 里

---

① 地图 E，5 中 Deung-Do-Lin-Ssü 或者 Tung-Chu-Ling。

② 阿墩子，参第 585 页注释 2。

③ 路线上说此地距天柱寨(T'ien-tchou-tchai，即江卡)很近，如果要到西藏，不必绕到巴塘。

④ "这条路上有七八十户人家；一个军官指挥的兵营；还有一座有一两百名喇嘛的喇嘛寺。"译注：此处使用了引文，但并未注明出处。

⑤ 根据线路 C，奔子栏到巴塘的总距离为 789 里。依据线路 A 的第一部分，从巴塘到奔子栏要 14 天，计 690 里。需要注意的是，作者遗漏了计算第 12 天的行程。因此，应将路线 A 的 690 里再增加 1 天行程，这样就和路线 C 的 789 里相一致。参第 592 页注释 2。

⑥ 地图 A，a 中的阿丽宫(Alikong)即路线 A 的阿鹿宫(参第 584 页注释 4)。

⑦ 地图 A，a 中的干受(Kucho)，就是线路 A 中的夹渚(参宋嘉铭第584 页)。

自宝陶村至休买(Hieou-mai)　−a+b−c+d+e　45里
自休买至普章(P'ou-tchang)　−a+b−c+d+e　45里
自普章至客昧(K'o-mei)　−a+b−c+d+e　40里
自客昧至接买(Tsie-mai)　−a+b−c+d+e　10里
自接买至接度(Tsie-tou)　+a+b+c+d+e　10里
自接度至接部(Tsie-pou)　+a+b−c+d+e　10里
自接部至丁各顶(Ting-ko-ting)　+a+b−c+d+e　40里
自丁各顶至立等下村(village inférieur de Li-teng)
　−a+b+c+d+e　30里
自立等下村至上村(village supérieur)　+a+b−c+d+e　12里
自上村至里买(Li-mai)　+a+b−c+d−e　10里
自里买至罗玉(Lo-yu)①　+a+b+c+d+e　10里
自罗玉至秀工(Sieou-kong)　+a+b+c+d+e　8里
自秀工至处地康(Tch'ou-ti-k'ang)　+a−b−c−d−e　8里
自处地康至已澄(Yi-tch'eng)　−a−b−c+d+e　40里
自已澄至干浪村(Kan-lang ts'ouen)　−a−b−c+d+e　8里
自干浪村至和木果(Ho-mou-kouo)　−a−b−c+d+e　15里
自和木果至和达村(Ho-ta ts'ouen)　−a+b−c+d+e　10里
自和达村至宗仓村(Tsong-ts'ang ts'ouen)　−a+b+c+d+e　20里
自宗仓村至桑瓦村(Sang-wa ts'ouen)　−a+b+c+d+e　20里 154(592)
自桑瓦村至难刁②　−a+b+c+d+e　15里
自难刁至干当(Kan-tang)　−a+b+c+d+e　20里
自干当至忾丁村(Kai-ting ts'ouen)　−a+b+c+d+e　15里
自忾丁村至东各底(Tong ko-ti)　−a+b+c+d+e　25里
自东各底至虾蟆村(Hia-ma ts'ouen)　−a+b+c+d+e　10里

① 会将罗玉和线路A中的六玉(参宋嘉铭第581页注释5)混为一谈，但它们间的距离说明并非如此。根据线路A，六玉距巴塘240里，距奔子栏为450+X里(X表示第12天的行程)。根据线路C，罗玉距巴塘387里，距奔子栏402里。这两个地方不可能重合。事实上，无法将线路A和线路C相关联，我们不能确定所走的路是否为同一条。

② 此地与线路B中的同名地名显然不是同一个地方(参第590页)。

自虾蟆村至晋村(Tsin ts'ouen)	−a+b+c+d+e	60 里
自晋村至刁巴村(Tiao-pa ts'ouen)	−a+b−c+d+e	43 里
自刁巴村至女共村(Niu-kong ts'ouen)	−a+b+c+d+e	40 里
自女共村至巴塘	−a+b+c+d+e	30 里

路线 D

自塔城关至西藏路线

自塔城关[1]至奔子栏[2]	5 站
自奔子栏至阿得囚(A-to-kieou)[3]	3 站
自阿得囚至天柱寨[4]	3 站
自天柱寨至毛佉公(Mao-k'iu-kong)	3 站
自毛佉公至西藏	54 站

路线 E[5]

自中甸经奔子栏和天柱寨至西藏的路线

从大中甸(Ta Tchongtien)[6][即结党(Kie-tang)[7]直到泥色落(Ni-so-lo)]

155 (593) 60 里

自泥色落至贤岛(Hien-tao)[8] 30 里

① 如果我们从维西(参第 572 页注释 1)出发代替从塔城关出发，从维西到阿墩子有 6 站。根据线路 A，奔子栏到塔城关(参第 585 页)西只有 2 站。

② 奔子栏(参第 585 页注释 1)。

③ 阿墩子(参第 585 页注释 2)。

④ 江卡(参后文线路 E，第 594 页注释 4)。

⑤ 在此线路中，相关的路况、水、草料、烤火用的木材以及居民情况与线路 B 和线路 C 中的相关情况不太统一，故将这些说明省略。

⑥ 参第 580 页注释 7 和第 587 页。

⑦ 地图 B 中 Gueïdam。

⑧ 同地图 A 中的 Chintao、地图 D 中的 Hsiento。

自贤岛至奔子栏①[即卜自立(Pou-tseu-li)]	40 里
自奔子栏坐船渡河至暑处(Chou-tch'ou)	50 里
自暑处上山至拿吉(Na-ki)	30 里
自米吉(Mi-ki)②至拉罢(La-pa)	40 里
自拉罢至主喇朵(Tchou-la-to)	50 里
自主喇朵至冻虫果(Tong-tch'ong-kouo)	50 里
自冻虫果至拿棘	50 里
自拿棘至松朵(Song-to)	60 里
自松朵至乌龙(Wou-long)	70 里
自乌龙至孟塘没顶(Mong-t'ang-mo-ting)	40 里
自孟塘没顶至孤树(Kou-chou)	40 里
自孤树至令常答(Ling-tch'ang-ta)	50 里
自令常答至江卡拉(Kiang-k'ia-la)③	30 里
自江卡拉(即最初称为天柱寨的地方)至拿泥靶(Na-ni-pa)	60 里
自拿泥靶至批送中果(P'i-song-tchong-kouo)	40 里
自批送中果至奴连夺(Nou-lien-to)	50 里
自奴连夺至阿不拉唐(A-pou-la-t'ang)	25 里
自阿不拉唐至阿不思擢列(A-pou-sseu-tchouo-lie)	50 里　156(594)
自阿不思擢列至书罢暑密(Chou-pa-chou-mi)	40 里
自书罢暑密至隔巴桑冈(Ko-pa-sang-kang)	30 里
自隔巴桑冈至迦巴顶(K'ia-pa-ting)	20 里
自迦巴顶至奔当喇朵(Pen-tang-la-to)	40 里
自奔当喇朵至迦异史(K'ia-yi-che)	50 里
自迦异史至杂木苛拿(Tsa-mou-ho-na)	50 里

① 奔子栏(参第585页注释1)。正如我们所见，线路E中从中甸到奔子栏仅130里。而在看似更精确的路线B中，同样的路程则是310里。

② 很明显，应该在拿棘(Na-ki)和米吉中选择，但我们没有理由来确认哪个更好。

③ 地图A，b和地图B中的江卡，同地图D中Garthok(Chiang-ka)。从江卡不经过叉木多(Tsiamdo)到哈立(Lhari)的线路无法通过我们的地图来确认。这也是为什么把自江卡经过叉木多至哈立的路线在后文单独作为线路G来研究的原因。

自杂木苛拿至错家卡(Ts'o-kia-kia) 60 里
自错家卡至昂古(Ang-kou) 60 里
自昂古至那多(Na-to) 40 里
自那多至塞闷多门(Sai-men-to-men) 50 里
自塞闷多门至区查(K'iu-tch'a) 60 里
自到区查至孤京打(Kou-king-ta) 60 里
自孤京打至郎那(Lang-na) 60 里
自郎那至补龙喀(Pou-long-k'o) 65 里
自补龙喀至龙祭纳泥把(Long-tsi-na-ni-pa) 65 里
自龙祭纳泥把至茶见布(Tch'a-kien-pou) 30 里
自茶见布至哇遥(Wa-jao) 25 里
自哇遥至家玉丧喀(Kia-yu-sang-k'o)① 50 里
自家玉丧喀至处信拿朵(Tch'ou-sin-na-to) 50 里
自处信拿朵至颇总(P'o-tsong)② 50 里
自颇总至跌阿喇朵(Tie-a-la-to) 40 里
自跌阿喇朵至祭朵(Tsi-to)③ 35 里
自祭朵至痴利丁(Tch'e-li-ting) 20 里
自痴利丁至说平多(Chuou-p'ing-to)④ 40 里
自说平多至波地公(Po-ti-kong) 35 里
157 自波地公至拔陆囊(Pa-lou-nang)⑤ 50 里
(595) 自拔陆囊至梭妈囊(So-ma-nang)⑥ 50 里
自梭妈囊至拉则(La-tso)⑦ 35 里
自拉则至边巴(Pien-pa)⑧ 25 里

① 同地图 A，a 中的 Kiayu kiao、地图 B 中的 Kia yu kia。怒江此处有一座桥。
② 同地图 A，b 中的 Lhoreng dzong、地图 B 中的 Lhorong dzong(Lhodzong)。
③ 同地图 A，b 中的 Djitog gomba、地图 B 中的 Dzetogong。
④ 同地图 A，b 和地图 B 中的 Chobando。
⑤ 同地图 A，b 中的 Barilang、地图 B 中的 Bari。
⑥ 同地图 B 中的 Somalang。
⑦ 同地图 A，b 中的 Lhatsé、地图 B 中的 Lhadze。
⑧ 同地图 A，b 中的 Pemba、地图 B 中的边巴(Biambar)(Pien pa)。

自边巴至查拉(Tch'a-la)① 40 里

自查拉至沙公列勒则(Cha-kong-lie-le-tso)② 30 里

自沙公列勒则至楂喇松朵(Tcha-la-song-to) 50 里

自楂喇松朵至江模错另(Kiang-mo-ts'o-ling) 45 里

自江模错另至唐喀不剌书(T'ang-k'o-pou-la-chou)③ 30 里

自唐喀不剌书至夺牙囊(To-ya-nang) 40 里

自夺牙囊至阿布拉喀(A-pou-la-k'o) 40 里

自阿布拉喀至阿布拉满登(A-pou-la-man-teng) 25 里

自阿布拉满登至弓朵(Kong-to)④ 40 里

自弓朵至奴共喇杂(Nou-kong-la-tsa) 40 里

自奴共喇杂至松朵 50 里

自松朵至喇重塞那(La-tchong-sai-na) 40 里

自喇重塞那至哈立(Ho-li)⑤ 30 里

自哈立至轻旁朵(K'ing-pien-to) 40 里

自轻旁朵至铪落喇杂(Ko-lo-la-tsa) 45 里

自铪落喇杂至处谷康喀(Tch'ou-kou-k'ang-k'o)⑥ 50 里

自处谷康喀至查牙龙基(Tch'a-ya-long-ki)⑦ 50 里

自查牙龙基至通嗓纳没扯(T'ong-sang-na-mo-tche) 55 里 158

自通嗓纳没扯至喀鲁张卜浪(K'o-lou-tchang-pou-lang) 50 里 (596)

自喀鲁张卜浪至自顾松朵(Tseu-kou-song-to)⑧ 60 里

自自顾松朵至刚喀醋乳(Kang-k'o-ts'ou-jou) 45 里

---

① 同地图 B 中的擦拉。

② 同地图 A，b 中的 Chor kong la、地图 B 中的 Char kong la。据线路图，有一座或几座超过 300 多僧人的寺院。

③ 有一座或几座超过百名僧人的寺院。

④ 同地图 A，b 和地图 B 中的 Noubkong la。

⑤ 同地图 A，b 和地图 B 中的哈立(Lhari)。

⑥ 同地图 B 中的 Kykeka。从哈立出发，路线通过地图 B 上标注的一条小路到大路的北面。

⑦ 同地图 B 中的 Chagala。

⑧ 同地图 B 中的 Haga tsaka。

自刚喀醋乳至帐另汤哥(Tchang-ling-t'ang-ko)	50 里
自帐另汤哥至拙那嗓喀(Tchouo-na-sang-k'o)[1]	45 里
自拙那嗓喀至楂谷汤(Tcha-kou-t'ang)	45 里
自楂谷汤至拉顶(La-ting)[2]	40 里
自拉顶至空喀(K'ong-k'o)[3]	50 里
自空喀至拉模(La-mo)	45 里
自拉模至德任总(Tö-jen-tsong)[4]	55 里
自德任总至西藏首府，当地名称是拉撒	55 里

路线 F

自中甸[5](标有去理塘和巴塘的指示)至天柱寨[6]会合的路线

自大中甸至查杂(Tch'a-tsa)	45 里
自查杂至各猛(Ko-mong)	40 里
自各猛至恶母拉多(Ngo-mou-la-to)	40 里
159 (597) 自恶母拉多至恩舒(Ngen-chou)	35 里
自恩舒至别列错喀(Pie-lie-ts'o-k'o)	50 里
自别列错喀至喇杂(La-tsa)	50 里
自喇杂至妈拉(Ma-la)	50 里
自妈拉至妈拉中国(Ma-la-tchong-kouo)	55 里
自妈拉中国至多补得(To-pou-tö)	60 里
自多补得至阿拉卜中(A-la-pou-tchong)	55 里

① 同地图 B 中的 Djouna samba 桥。

② 同地图 B 中的 Nading toung gou。

③ 这是 1881 年《斯提乐地图册》(*Atlas Stieler*)第 62 幅地图上的名称"Medschub Gungar"中的 Gungar。在地图 B 图中是 Hotchou kong tcha(Modjdubgoungar)。

④ 同 1902 年《斯提乐地图册》第 62 幅地图上的 Dheshen dshong、地图 B 中的 Detzin。第二种写法和汉语的"德庆"是一样的。白郎补注：德钦。

⑤ 参第 580 页注释 7。

⑥ 江卡(参第 594 页)路线 F 非常模糊。除了最末处，路线中提到的地名没一个能在我们的地图上找到。

自阿拉卜中至喇杂	40 里
自喇杂至那泥把(Na-ni-pa)	45 里
自那泥把至臂出卡(Pi-tch'ou-k'a)	50 里
自臂出卡至宗本(Tsong-pen)①	50 里
自宗本至张宗喀里(Tchang-tsong-k'o-li)	65 里
自张宗喀里至楂处卡(Tch'a-tch'ou-k'a)	40 里
自楂处卡至阿东拉杂(A-tong-la-tsa)	55 里
自阿东拉杂至阿东拉泥把(A-tong-la-ni-pa)	40 里
自阿东拉泥把至阿喇楂处卡(A-la-tch'a-tch'ou-k'a)	55 里
自阿喇楂处卡至喀木年打(K'o-mou-nien-ta)	50 里
自喀木年打至薄木兵苏(Po-mou-ping-sou)	40 里
自薄木兵苏至阿喇地桑巴(A-la-ti-sang-pa)	40 里
自阿喇地桑巴至波冲果(Po-tch'ong-kouo)	45 里
自波冲果至结茂喇朵(Kie-mao-la-to)	55 里
自结茂喇朵至阿鲁(A-lou)	45 里
自阿鲁至那果(Na-kouo)	35 里
自那果至茶果松朵(Tch'a-kouo-song-to)	50 里
自茶果松朵至公津德木喇朵(Kong-tsin-tö-mou-la-to)	45 里
自公津德木喇朵至拔暑卡(Pa-chou-k'a)②	40 里
自拔暑卡至空子拉朵(K'ong-tseu-la-to)	65 里 160
自空子拉朵至喀马曲直(K'o-ma-k'iu-tche)③	65 里 (598)
自喀马曲直至孟错喀(Mong-ts'o-k'o)	40 里
自孟错喀至同列卡(T'ong-lie-k'a)	30 里
自同列卡至江卡拉④，江卡拉就是天柱寨	40 里

① “过宗本后，沿西北方向的岔路走两站到理塘。”译注：此处使用了引文，但并未注明出处。

② “拔暑卡是金沙江上的一个渡口。沿西北方向的岔路，走两站到巴塘。”译注：此处使用了引文，但并未注明出处。

③ 同地图 A，b 中的 Kongtzeka、地图 B 中的 Kong tzé la ka。

④ 江卡参第 594 页注释 4。

路线 G

自阿不思尼巴(A-pou-sseu-ni-pa)[1]经毛佉公[2]至哈立(Ho-li)[3]的路线；在哈里(Ho-li)与路线 E 会合

自阿不思尼巴至拉尼巴(La-ni-pa) 40 里
自拉尼巴至阿苴(A-ts'iu)[4] 45 里
自阿苴至罗加总(Lo-kia-tsong)[5] 50 里
自罗加总至叉木女(Tch'a-mou-niu)[6] 35 里
自叉木女至玉萨(Yu-sa)[7] 40 里
自玉萨至厄母董木拉(Ngo-mou-tong-mou-la) 30 里
自厄母董木拉至木喀卡(Mou-k'o-k'a) 55 里
自木喀卡至处中(Tch'ou-tchong) 45 里
自处中至妈冈(Ma-kang)[8] 50 里
161 自妈冈至玉鑫拉尼巴(Yu-no-la-ni-pa) 45 里
(599) 自玉鑫拉尼巴至保木得(Pao-mou-tö) 55 里
自保木得至到打冈(Ta-kang) 40 里
自打冈至叶冈(Ye-kang) 45 里
自叶冈至叉木多(Tch'a-mou-to)[9] 40 里
自叉木多至乌陆三巴(Wou-lou-san-pa) 30 里
自乌陆三巴至拉木达(La-mou-ta)[10] 25 里
自拉木达至腰各(Yao-ko) 35 里

---

① 这个地方应该是江卡，或是距江卡极近的地方。

② 我们在此又遇到路线 D 中出现的毛佉公(参第 593 页)。如果按线路 D 所示，它距江卡(天柱寨)3 站路程，在此就很难对其精确定位。

③ 哈立(Lhari)(参第 596 页)。

④ 同地图 B 中的 Adzou tang。

⑤ 同地图 B 中的 Lokia dzong。

⑥ 同地图 B 中的 Djaya。

⑦ 同地图 B 中的 Yusa。

⑧ 同地图 B 中的 Bagoung。

⑨ 地图 B 中的叉木多(Tsiamdo)(Chamouto)。

⑩ 地图 A，b 中的 Lamda。从此处开始，这条路线比去说平多的路线更靠北。

自腰各至乐得塞马塘(Yo-tö-sai-ma-t'ang)	40 里
自乐得塞马塘至昂喀(Ang-k'o)	30 里
自昂喀至牵边夺(K'ien-pien-to)	50 里
自牵边夺至五逆冲(Wou-ni-tch'ong)	50 里
自五逆冲至陆扯(Lou-tch'e)	25 里
自陆扯至糟喀(Ts'ao-k'o)	30 里
自糟喀至兵巴那郎(Ping-pa-na-lang)	25 里
自兵巴那郎至腊杂(La-tsa)	40 里
自腊杂至布各(Pou-ko)	35 里
自布各至错喀(Ts'o-k'o)	40 里
自错喀至厄木来拉杂(Ngo-mou-lai-la-tsa)	45 里
自厄木来拉杂至塞落咱唐(Sai-lo-nageou-t'ang)	40 里
自塞落咱唐至木如洼(Mou-jou-wa)	35 里
自木如洼至塞落松多(Sai-lo-song-to)①	35 里
自塞落松多至查马腊杂(Tcha'a-ma-la-tsa)②	30 里
自查马腊杂至腊日巴(La-je-pa)	30 里
自腊日巴至喀陆卡(K'o-lou-k'a)	25 里
自喀陆卡至陆连唐(Lou-lien-t'ang)	40 里
自陆连唐至龙巴遮罗(Long-pa-tchö-lo)	10 里
自龙巴遮罗至鲁公拉定(Lou-kong-la-ting)	35 里 162 (600)
自鲁公拉定至介不松多(Kie-pou-song-to)	40 里
自介不松多至列萨蜡杂(Lie-sa-la-tsa)	30 里
自列萨蜡杂至长丁(Tch'ang-ting)	30 里
自长丁至招木茶(Tchao-mou-tch'a)	45 里
自招木茶至萨密多眉(Sa-mi-to-mei)③	25 里
自萨密多眉至他冈唐(Ta-kang-t'ang)	35 里
自他冈唐至那木拉错喀(Na-mou-la-ts'o-k'o)	50 里

① 同地图 A，b 中的 Sérésoumdo 、地图 B 中的 Ser soumdo。

② 同地图 B 中的 Latsa。

③ 有一个或几个超过两百名僧侣的寺院。

自那木拉错喀至介纯翁宗(Kie-chouen-wong-tsong)	40 里
自介纯翁宗至羊阿松多(Yang-a-song-to)	35 里
自羊阿松多至龙喀(Long-k'o)	40 里
自龙喀至结寿偏喀(Kie-cheou-pien-ko)①	35 里
自结寿偏喀至乌木掀者(Wou-mou-hien-tchö)②	35 里
自乌木掀者至萨木打蓬公(Sa-mou-ta-p'ong-kong)③	25 里
自萨木打蓬公至喀那蒙巴(K'o-na-mong-pa)	25 里
自喀那蒙巴至查拉蜡杂(Tch'a-la-la-tsa)	40 里
自查拉蜡杂至图龙卡(T'ou-long-k'a)	30 里
163 (601) 自图龙卡至哈立(Ho-li)④	50 里

① 同地图 B 中的 Diza sio penkar。

② 有一个或几个超过百名僧侣的寺院。

③ 同地图 B 中的 Santa pian kouan。

④ 哈立(Lhari)。

第三章　丽江史地注释[①]

1. 丽江府

丽江府这个名称自明洪武十五年（1382）起使用。元 1276 年，称丽江路。

在杨慎的前言中，我们了解到公元 785 年[②]设丽水节度使。以上这些名号均源自一条江。这条江进入云南后不再叫穆鲁斯乌苏江，而是改名为金沙江，后又改为丽江。丽江城因此而得名。

除去当时丽江府广阔的周边领土外，丽江城自身构成了现在的丽江县。自 13 世纪起，它以三赕（San-t'an）[③]为名。这应与西藏人和么些人现在依然称丽江为“萨当”或“萨丹”相一致[④]。

1277 年，这座城市使用汉语名“通安”（T'ong-ngan），并一直沿用至元明时期。

据《元史》（*Yuan che*）第六十一卷第 4 页记载，通安州首府位于丽江

---

① 我在这一节将对大量注释进行分类，因为注释过长，而在页面下部却没有足够的位置。

② 参第 567 页注释 6。据《大清一统志》三百八十二卷第 1 页，可能是南诏国创造了这个名字。

③ “赕”字发音为“chan”或“t'an”，“赕”与“睑”字极可能相通，应该将“三赕”译作“三个乡”或“三个县”。但是，现代名称“三赕”则反对这种表述。

④ 参高尔蒂耶先生在 1908 年《通报》第 669 页和 677 页中列举的德斯高丹神父和庄士敦的记述。

（金沙江）以东的雪山[1]脚下，曾名三赕，仆繲（Pou-kiai）蛮居此。后来，
164（602）名叫叶古乍[2]的么些蛮武力征服并占领此地。他和后代隶属大理管辖。元
宪宗三年（1253），叶古乍的第二十三代后人麦良[3]归顺朝廷。中统四年
（1263）[4]，麦良被任命为察罕章管民官[5]。至元九年（1272），麦良之子麦
兀[6]继承父职。至元十四年（1277），三赕改名通安州。

2. 铁桥（Pont de fer）和石门关（passe de la porte de pierre）

丽江历史多次提到两个战略要地，一是位于西北的铁桥，二是位于西面的石门关（che men kouan），它们均被用来抵御藏族人的入侵。

铁桥架于金沙江上，位于铁桥城（T'ie-k'iao-tch'eng）[7]北面。铁桥城距
古巨津州北 130 里，而巨津州（Kiu-tsin-tcheou）距丽江西北 300 里。据《南
诏野史》（宋嘉铭译本第 193 页）记载，该桥建于隋开皇年间（581—601）[8]。
而《唐书》[9]中记载，公元 751 年，南诏王对抗唐军，在么些人的领地九赕
（Kieou-t'an）建造此桥是为了渡过金沙江与吐蕃建立联系。公元 794 年，南
165（603）诏王异牟寻（Yi-meou-siun）重新归唐，在神川（Chen-tch'ouan）（后称巨津
州）突袭吐蕃，然后撤军并切断铁桥，致西藏军队死伤无数。[10] 似乎从那时

---

① 据《大清一统志》三百八十二卷第 2 页，雪山距丽江城西北 30 里。《南诏野史》宋嘉铭译本第 49 页注释 10 标明此处在北面 20 里（参第 589 页注释 1）。译注：《大清一统志》是清朝官修地理总志。其编纂工作从清康熙二十五年（1686）一直延续到道光二十二年（1842），前后编辑过三部。

② 参第 567 页注释 1。

③ 参第 568 页注释 4。

④ 译注：景定是宋理宗赵昀的第七个年号，南宋使用这个年号共 5 年。景定四年（1263）即蒙古中统四年。

⑤ 译注：亦作茶罕章、察旱章。1253 年，蒙古军征大理，次年立察罕章管民官。世祖至元八年（1271）于其地立宣慰司。十三年改为丽江路，置军民总管府，二十二年底罢，立宣抚司。

⑥ 参第 569 页。

⑦ 参《大清一统志》三百八十二卷第 3 页。

⑧ 译注："开皇"年号使用的时间是 581 年至 600 年。

⑨ 出自《大清一统志》三百八十二卷第 3 页。

⑩ 参《唐书》二百二十二卷第 4 页。

起就再未修复此桥。现在，古宗(Kou-tsong)部落住在铁桥北部[1]。

石门关距丽江西 120 里[2]，地处丽江与兰州(Lan-tcheou)交界的金华(Kin-houa)山脚。此山距今剑川(Kien-tch'ouan)[3]西 1 里。石门关在唐朝就被提及。我们在韦皋(Wei Kao)传(《唐书》一百五十八卷第 2 页)中读到，793 年，韦皋命一位名叫崔佐时(Ts'ouei Tso-che)的军官从石门关火速前往云南。1382 年，明朝大将傅友德(Fou Yeou-tö)征战西南。据《木氏宦谱》记载，当地土司木得归降傅友德，并与其一起战胜石门关和铁桥城一些部落的反叛。1385 年，巨津州土酋阿奴聪(A-nou-ts'ong)叛乱并占领石门关，被吉安侯路仲亭(Lou Tch'ong-t'ing)平定。[4] 据《明史》(*Ming che*)[5]所载，1391 年，木初(Mou Tch'ou)镇守石门关。其父去世后，他成为丽江土司，由他弟弟木亏(Mou K'ouei)继任其职镇守石门关。 166 (604)

3. 北胜府

北胜(Pei-cheng)现在依然是永北厅(Yong-pei)的行政首府，距丽江东 150 里。据《元史》(第六十一卷第 4 页)所载，北胜府(préfecture de Pei-cheng)在丽江东。唐朝时在铁桥东北，有施蛮(Man de l' espèce de Che)居住。贞元年间(785—804)[6](据《南诏野史》宋嘉铭译本第 54 页记载，具体为 799 年)，南诏王异牟寻战胜施蛮，将他们赶至此处，称他们为剑羌(Kien-k'iang)，称此地为成偈睒(Tch'eng-kie)[7]，此后又更名为善巨郡(Chan-kiu)。大理段氏取代蒙氏统治后，高智升(Kao Tche-cheng)(约 1603 年，参《南诏野史》宋嘉铭译本第 96 页)让其孙高大慧(Kao Ta-houei)管理此地。不久以后，此地归大理管辖。元宪宗三年(1253)土酋高俊(Kao

---

① 参《读史方舆纪要》(*Tou che fang yu ki yao*)一百一十七卷第 22 页。

② 参《大清一统志》三百八十二卷第 3 页。

③ 参《徐霞客游记》第二卷第 21、22、25、28 页。

④ 译注：沙畹加注中文为"陆仲亭"，疑为笔误，译者保留原文。

⑤ 见后文中《明史》关于丽江的注释。

⑥ 译注："贞元"为唐德宗年号，使用的时间是 785 年至 805 年。后不再说明。

⑦ "keng"和"xieng"表示汉语中"县"的意思，时而写作"睑"，时而为"赕"或"睒"。当我确定其意时，总用"xieng"表示，此处无任何歧义(参《南诏野史》宋嘉铭译本第 18 页注释 21)。

Tsiun)归附朝廷；至元十五年(1278)在此地设立施州；至元十七年(1280)改为北胜州；至元二十年(1283)升格为北胜府。[1]

据《天下郡国利病书》[2](第一百〇九卷第33页)记载，洪武年间
167 (1368—1398)，原元朝北胜府土知府高斌祥(Kao Pin-siang)归顺明朝，北
(605) 胜府被降为北胜州。1390年，高斌祥之子高策(Kao Ts'e)被封知州。我们在此列举部分高氏后人：高果(Kao Kuou)参与征战麓川(Lou-tch'ouan)[3]，高仑(Kao Louen)惩罚安凤(Ngan Fong)[4]，高世懋(Kao Che-meou)攻打顺大(Chouen-ta)，死于1620年。我们将在后文中了解此事。据《明史》(三百一十四卷第7页)记载，宣德四年(1429)，土判官高琳(Kao Lin)之子高瑛(Kao ying)进贡土产，请求继任父职。1435年高瑛再次进贡。1620年，北胜州土官高世懋去世，其同父异母弟弟高世昌(Kao Che-Tch'ang)继任其职，但其中一个侄子高兰(Kao Lan)[5]拒不承认新官高世昌，导致局势动荡。当时的丽江土知府木增在朝廷授权后干预此事，将高兰抓获处死。

4. 宝山州

宝山(Pao-chan)距丽江东245里。据《元史》(第六十一卷第4页)记
168 载，宝山州位于雪山之东，自西而来的丽江(金沙江)将其三面环绕，么些
(606) 蛮居住此地。他们的第一代头领从楼头[6](Leou-t'eou)(参第610页关于永宁的注释)移居至此，其后人在此繁衍生息二十余代。当元世祖忽必烈汗(Koubilaï Khan)远征大理时，在卞头(Pien-t'eou)渡江，经过罗邦(Lo-pang)，到达罗寺围(Lo-sseu-wei)和大匮[7](Ta-k'ouei)。当地首领归降，村

① 译注：沙畹在原文中加注中文为“高大慧”，但在《元史》中写作“高大惠”。此处保留沙畹原文。

② 译注：《天下郡国利病书》是记载中国明代各地区社会政治经济状况的历史地理著作，120卷，明末清初顾炎武撰。顾炎武生于明万历四十一年(1613)，卒于清康熙二十一年(1682)。

③ 极可能在1439年，参后文《木氏宦谱》第十代。

④ 可能是1578年寻甸(Siun-tien)的安铨(Ngan Ts'iuan)叛乱。《木氏宦谱》记载是第十四代教训了安凤。

⑤ 《天下郡国利病书》一百〇九卷第33页中说教训了高兰。

⑥ 白郎补注：即永宁。

⑦ 和继全补注：今大具。

子被命名为察罕忽鲁罕(Tch'a-han hou-lou-han)①。至元十四年(1277)，包括大匮在内的7个地方成为宝山县；至元十六年(1279)，升格为宝山州。

构成宝山州的这七个地方是：(1)大匮，(2)罗邦，(3)罗寺(Lo-sseu)，(4)碍场(Ngai-tch'ang)，(5)卞头场(Pien-t'eou-tch'ang)，(6)当波罗场(Tang-po-lo-tch'ang)，(7)当将郎(Tang-tsiang-lang)(参《大清一统志》三百八十二卷第3页)。

5. 兰　州

据李兆洛(Li Tchao-lo)②的词典，兰州距丽江西南360里。此外，《续云南通志稿》③(第七十一卷第2～3页)的一幅地图标注了兰州土舍④府邸位于丽江正西，距澜沧江左岸东，即上游不远的地方。据《元史》(六十一卷第4页)记载，兰州在澜沧江东。汉朝永平年间(58—75)，中原地区首次和博南(Po-nan)建立联系，山中道路穿越澜沧江［参《后汉书》(*Heou Han-chou*)一百一十六卷⑤，威利(Wylie)译于《远东杂志》⑥第一册第232页］，设立博南县。唐朝时，此地为庐鹿蛮(Lou-lou)(即倮倮，参《南诏野史》宋嘉铭译本第169页注释4)领地。大理段氏统治时期，设隶属大理的兰溪郡(Lan-ki)。元宪宗四年(1254)，此地归附朝廷，属察罕章管民官(Tchagandjang)(参第603页)管辖。至元十二年(1275)改为兰州。《大清一统志》(三百八十二卷第3页)中所述的明朝地理概况如下：唐朝时，此地为庐蛮所据，称罗眉州(Lo-mei)。南诏王阁罗凤(Ko-lo-fong)(748—778)将居民迁往善阐阳城堡(即云南府和晋宁州地区)。宋朝时期，大理段 169 (607)

① 在《大清一统志》(三百八十二卷第3页)中写为“察罕和啰噶”。

② 译注：李兆洛(1769—1841)，清代学者、文学家，阳湖派代表作家之一。撰《养一斋文集》20卷，辑有《皇朝文典》70卷，《大清一统舆地全图》，《凤台县志》12卷，《地理韵编》21卷，《骈体文钞》31卷等。

③ 译注：《续云南通志稿》，清朝王文韶、魏光焘修，唐炯等纂修。

④ 译注：土舍，土司的属官。

⑤ 译注：《后汉书》九十卷，南朝宋范晔撰。范晔，字蔚宗，顺阳人。与沙畹在文中所写的一百一十六卷不同。

⑥ 译注：《远东杂志》(*Revue d'Extrême-Orient*)创刊于1954年，刊登中国古代文化与思想史以及中国与周边国家关系的国际学术文章。

氏让一个名叫董庆(Tong k'ing)的人管辖此地，同时当地周氏也逐渐强大，因此当地以澜沧江为界，分属董、周两氏。①

170 (608) 洪武十五年(1382)，此地属鹤庆路管辖，后来又再次归丽江路管辖。顾炎武1624年出版的《天下郡国利病书》补充了一些信息(一百〇九卷第29页)：兰州统治者罗克(Lo k'o)是当地人，效忠元朝，官为万户②。明洪武年间(1368—1398)，他与家人一起归顺明朝，因其战功被封为土知州。其继任者之一罗才(Lo Ts'ai)，继木初③之后征战白夷刀卜孟④节节胜利，并延续到罗万象(Lo Wan-siang)。罗万象去世后，罗灿(Lo Ts'an)保留土舍大印，但他并未被认可为权力继承人。

6. 永宁州

据李兆洛的词典，永宁州距永北厅北240里。据《元史》(六十一卷第
171 (609) 4页)记载，永宁州过去曾名楼头睒，与吐蕃(T'ou-po)东接壤，称为答蓝(茶盐，参《滇系》卷第1，2，第10页)。么些蛮首领尼月乌(Tsou-ni-yue-wou)赶走藏族人定居此地。他和后人依附大理国。元宪宗三年(1253)，尼月乌的第三十一代后人和字(Ho-tseu)归顺朝廷。至元十六年(1279)，此地改设为永宁州。⑤

据《天下郡国利病书》(一百〇八卷第32页)记载，明洪武年间(1368—

① 应理解为此情况存在于宋朝。我们将在后文中看到，元朝时期此地由罗氏(Lo)统治。

② 译注：金初设置的官职，统领千户(猛安)、百户(谋克)，隶属于都统。元代相沿其制。

③ 木初是1391—1425年的丽江土知府，见《木氏宦谱》第八代。

④ 白夷(pai-yi)亦可写作“百夷”或“摆夷”，主要居住在西双版纳，是傣族。刀卜孟很可能是清迈(Xieng-mai或Zimme)(汉语名为八百大甸或八百媳妇)首领，因为清迈首领姓刀。实际上，刀爱孟(Tao Ngai-mong)曾上书皇帝请求将清迈授权与他，以继承去世的父亲刀蓝那(Tao Lan-na)。这份请愿书也让我们想起明永乐年间(1403—1424)他的祖父曾被朝廷任命为地方统治者。(参F. W. K米勒《一封百夷书信》,《通报》1894年，第327~333页)。译注：沙畹注释中的“八百大甸”是土司名。明洪武二十四年(1391)改八百等处宣慰使司为八百大甸军民宣慰使司，辖境约为今缅甸掸邦东部萨尔温江以东、湄公河以西地区，嘉靖时并入缅甸。沙畹注释中的“八百媳妇”是元时傣族部名，在今云南西双版纳以南，传说部长世世有妻八百人，各领一寨，故称“八百媳妇国”，其中心八百即今泰国清迈。

⑤ 译注：沙畹在原文内加注为“祖尼月乌”，与译者查到的写法稍有出入。此处保留沙畹原文。

1398），当地统治者卜都各吉（Pou-tou Ko-ki）虽曾任元时永宁州知州，却率众归顺明朝，受封土知州。他去世后，其子各吉八合（Ko-ki Pa-ho）继任其职。明永乐三年（1405），各吉八合携四方长官入朝觐见。四方长官为：香罗（Hiang-lo，距永宁北 150 里）长官、革甸（Ko-tien，距永宁西北 120 里）长官、瓦鲁之（Wa-lou-tche，永宁北 280 里）长官和刺次和（Ts'eu-ts'eu-ho，《明史》四十六卷第 5 页中写作“刺次和”，距永宁东北 240 里）长官。1406 年，在此四地设立长官司，隶属升格后的永宁府。

7. 蒗蕖州

蒗蕖州（Lang-k'iu tcheou）距永北厅北 80 里。据《元史》（六十一卷第 4 172
页）记载，蒗蕖州首府罗共睒（Lo-kong），位于丽江（金沙江）东北，北胜府 (610)
（参第 605 页）北与永宁州（参第 609 页）南之间。罗落蛮（Lo-lo）、么蛮（Mo）和些蛮（So）三族世居于此（么和些后来合称为么些）。元宪宗三年（1253），罗共睒参与征讨大理。至元九年（1272），此地归附朝廷。至元十六年（1279），罗共睒更名蒗蕖州。

据《天下郡国利病书》（一百〇九卷第 34 页）记载，明洪武（1368—1398）初年，蒗蕖首领阿的（A Ti）[1]归顺明朝并参与其征战。阿的因此受封土知州，听命于澜沧卫。其继任者之一阿朝佐（A Tch'ao-tso）在征伐凤继祖[2]（1566）的过程中，将普右部族首领斩首。此后，他又征战铁索箐（T'ie-souo-tsing）（1573）和老姚关[3]（1581）并取得胜利。《天下郡国利病书》撰写期间，即 1624 年前后，此地首领名叫阿水成（A Choueitch'eng）[4]。

8. 顺　州

顺州距永北厅西 120 里。据《元史》（六十一卷第 4 页）记载，顺州位于 173
丽江东，一般称为牛睒。过去，顺蛮住在剑共川（《大清一统志》382 卷第 2 (611)

① 白郎补注：据洛克的《中国西南的古纳西王国》，此人叫卜都各吉，其子叫各吉八合。
② 参《通报》1906，第 692～693 页。
③ 参《南诏野史》宋嘉铭译本第 248 页。
④ 白郎补注：据洛克《中国西南的古纳西王国》，该首领叫阿铨。

页)。唐贞元年间(785—804),南诏王异牟寻战胜他们并将他们赶到铁桥(参第603页)的大婆(Ta-p'o)、小婆(siao p'o)、三探览(san-chen-lan)等山谷中。他们的首领名叫成斗族(Tch'eng-teou-tsou),他们在日趋强大并逐渐成为一个独立的部族后迁至牛睒。成斗族的第十三代后人自瞠犹(Tseu-t'ang-yeou)归附大理国管辖。元宪宗三年(1253),此地归顺朝廷。至元十五年(1378)[①],牛睒改名为顺州。

9. **巨津州**[②]

巨津州距丽江西北300里。据《元史》(六十一卷第5页)记载:巨津州过去名为罗波九睒(或者罗波和九睒,参《南诏野史》宋嘉铭译本第193页),北面与三川(三条江)、铁桥(参第603页)接壤,西面与西藏相邻。巨津州位于大理国西北角,为战略要地,一位么些大首领曾长居此处。元宪宗三年(1253),巨津州归顺朝廷。至元十四年(1277),将九睒组成巨津
174 (612) 州(此名意为广阔通道)。该名源自南诏人与吐蕃人交会的(江上)一个重要地点。此地下设临西县(Lin-si)(参看下文)。

10. **临西县**

临西县位于所归属的巨津州(参上一条注释)西北。《地图总要》(明1643年出版,第169页)的一幅地图中标明临西位于铁桥(参第603页)北,而铁桥则位于巨津州北130里(《大清一统志》三百八十二卷第3页)。至元十四年(1377)[③]设立临西县,取代过去的当地土名罗裒间(Lo-p'eou-kien)(参《元史》六十一卷第5页)。

---

① 译注:至元十五年应为1278年,但沙畹写为1378年,疑为笔误。此处保留原文。

② 译注:沙畹在此处加注的中文为“曲津州”,而在后文中又使用“巨津州”表述,《元史》写作“巨津州”。为方便阅读,全部翻译为“巨津州”。

③ 译注:至元十四年应为1277年,沙畹写为1377年,疑为笔误。此处保留原文。

第四章　丽江《木氏宦谱》概述

第一代——丽江当地统治者的第一位祖先名叫爷爷，在宋徽宗时期(1101—1125)来到雪山。① 他原是西域蒙古人，曾经居住在昆仑山一个岩龛中。他喜欢东方的清规戒律(指道教)和东典佛教②，整日沉浸在思索中。一日，忽然出现一条蛟龙。在风雨交加、电闪雷鸣之际，他骑上一棵大香树，顺着金江一直漂到北浪沧③。当地蛮人远远看到他十分惊讶，召唤亲朋好友跑来远迎，于是他上了岸。蛮人中一位名叫白沙羡陶阿古(Po-cha-sien-t'ao-a-kou)的首领从他的面貌、举手投足中看出他气质不凡，就将女儿许配给他。这个村子共有五位头领：(1)干罗睦督(Kan-lo-mou-tou)，(2)云甸起选(Yun-tien-k'i-siuan)，(3)云阿娘挥④(Yun-a-niang-houei)，(4)剌苑(La-wan)⑤，(5)瓦均阿(Wa-kiun-a)。他们互相商定由爷爷做他们的领袖。此时，自称"大将军"的年乐年保(Nien-lo nien-pao)选定爷爷的儿子为他的继承人。 175 (613)

第二代——年保阿琮⑥，前任之子。

---

① 参第602页注释4。

② 译注：参云南省博物馆供稿．木氏宦谱(影印本)．昆明：云南美术出版社，2001：99．"结一龛于岩穴，好东典佛教"，与沙畹理解的道教和东典佛教稍有不同。

③ 白郎补注：北浪沧位于今丽江金沙江畔阿喜村。

④ 白郎补注：《木氏宦谱》原文为："一云干罗睦都，二云甸起选，三云阿娘挥，四云剌苑，五云瓦均。"

⑤ 译注：参云南省博物馆供稿．木氏宦谱(影印本)．昆明：云南美术出版社，2001：99．为"剌宛"，但沙畹将汉字写成了"苑"。此处保留原文。

⑥ 杨慎称此人为麦琮(参第568页第2行)。师范(参《滇系》第九卷，第二部分第13页)称他为麦宗(Me-tsong)，并认为他是丽江王家族的真正创始人，于宋理宗(1225—1264)统治末期自西域来。年保(Nien-pao)是阿琮养父的名字。

据说，他七岁时就通晓汉语和其他蛮族的文字，并创制了自己部族的文字。他懂得鸟语并通过两次实践得到证实：一次是听到几只乌鸦在谈论一匹死马；另一次是一些鸽子在相互提醒提防一只鹰。

第三代——阿琮阿良。宋理宗宝祐元年(1253)，元宪宗(蒙哥大汗)命
176 (614) 令其弟忽必烈亲征大理[1]，忽必烈即后来的元世宗。阿良率领士兵在剌巴江(La-pa)[2]口迎接蒙古亲王。亲王待他也不薄，封他为察罕章管民官，赐此地地名为丽江郡。接着，阿良攻打巨津州，活捉反叛头目，并因此晋升为察罕章宣慰司。此后，他又攻下大各寨(Ta-ko-tchai)，并参与征战大理抓获段兴智(Touan Hing-tche)。他的战功甚至超过蒙古大将兀良合台(Ouriangkadai)，被提拔为副元帅，掌管摩娑诏。后来，他又战胜铁桥城华马国，威名远播。我们在谈及他的第二位继任者时仍能感受到这一点。

第四代——阿良阿胡，前任之子。

1272 年，阿胡受封察罕章管民官[3]，1295 年，诰书授为正奉大夫(tcheng fong ta fou)及护军宣慰司(siuan wei sseu protecteur de l'armée)。

177 (615) 第五代——阿胡阿烈，前任之子。

1347 年，丽江片区升格为丽江路军民总管府，下设北胜府[4]和 7 个州——通安[5]、巨津[6]、宝山[7]、兰州[8]、永宁[9]、蒗蕖[10]、顺州(Chouen

---

① 参 1905 年《通报》第 2 ~ 3 页对此次征战的记述。

② 前文中(参第 607 页第 6 行)提到在下头渡金沙江。下头是宝山州下辖七个村寨之一，而宝山州府距丽江东 245 里。因此，忽必烈渡金沙江的地方应在丽江东，剌巴河(La-pa)的河口。《木氏宦谱》也记载，丽江么些首领是在此迎接蒙古军队的。

③ 蒙古人所称的合剌章(Karajang)，指云南府和大理府的"黑章"。(参《通报》，1904 年，第 471 页)而现在所说的察罕章(Tchaganjang)意为"白章"，指以丽江为中心的区域。伯希和先生认为"章"是汉语中"爨"的蒙古记音。(参《法国远东学院学刊》，1904 年，第 159 页)译注：又作哈剌章、阿剌章、哈剌张。

④ 北胜与丽江海拔相当，但地处更东端。

⑤ 通安即指丽江城本身(参第 602 页，第 1 段 14 ~ 16 行)。

⑥ 距丽江西北 300 里(参第 612 页)。

⑦ 距丽江东 245 里(参第 606 ~ 607 页)。

⑧ 距丽江西南 360 里(参第 607 ~ 608 页)。

⑨ 距永北厅北 240 里，永北厅则位于丽江东(参第 609 ~ 610 页)。

⑩ 距永北厅北 80 里(参第 610 ~ 611 页)。

tcheou)①，并在顺州下设临西县②。1349 年，阿烈(A-lie)的弟弟阿吉(A-ki)受封巨甸(Kiu-tien)③管民官。

第六代——阿烈阿甲，字元德。

1356 年，府改为宣抚司，后来阿甲被任命为通安州知州④。

第七代——阿甲阿得，字自然，号垣忠，前任之子，生于 1311 年，卒于 1390 年。

1382 年，他归顺明朝，被赐姓“木”。此后，“木”就成为丽江当地统 178(616)
治者的姓氏⑤。阿得即木得，协助明朝大将傅友德⑥抗击在云南负隅顽抗的蒙古人，又攻克佛光寨⑦(Fo-kouang)，使元朝右丞普颜笃(P’ou-yen-tou)自焚而亡。木得复命令长子阿初(A-tch’ou)驱逐曾经占领澜沧江上游的西蕃大酋卜劫(Pou-k’ie)，接着攻占北胜府监禁高大惠⑧的后人，至于自封平章⑨的高生寻(Kao Cheng-siun)则被蛮人所杀。这样，北胜府下辖四州。接着，傅友德与木得合力攻克石门关和铁锁城(T’ie-so)。在取得一系列辉煌战绩之后，木得赴京朝觐，受到皇帝嘉奖。

他娶照磨所三必村和略可(Ho Lio-k’o)⑩之女为妻。

第八代——木初，字启元，号始春，生于 1345 年，卒于 1425 年 12 月，1391 年起执政并于当年入京朝觐。 179(617)

他被封为中顺大夫和世袭土知府，跟随冯城⑪(Fong Tch’eng)将军远征

① 距永北厅西 120 里。

② 位于铁桥北，铁桥则位于巨津州北 130 里(参第 603 及 613 页)。

③ 巨甸地处金沙江右岸，丽江西北部，位于其宗(K’i-tsong)北和桥头南之间。参《续云南通志稿》七十一卷开头的地图。

④ 参第 602 页。

⑤ 自此，历代统治者的名字前都不再加父名。过去的本土风俗也在采纳汉姓后结束。

⑥ 参《明史》一百二十九卷第 3 页。

⑦ 据《大清一统志》三百八十二卷第 2 页，佛光寨山距鹤庆州南 120 里。白郎补注：据洛克考证，佛光寨在今洱源以东 20 里处。

⑧ 关于北胜的注释(参第 605 ~ 606 页)，当地统治者的姓氏为高。

⑨ 译注：平章，唐至元时所设官名，元时为地方高级长官，明初废除。

⑩ 关于丽江和氏，参第 569 页最后一行及第 570 页。

⑪ 我推断此处的姓名应是冯胜(Fong Cheng)，其传记出现在《明史》一百二十九卷开篇部分。

永宁州[1]，然后击溃白交(Po Kiao)[2]及蒗蕖州[3]一带的叛军，又与明朝将领何福(Ho Fou)[4]一起镇压左所和盐井(Yen tsing)[5]一带的叛乱。此外，
180 (618) 他与大理卫的李指挥[6]一起征伐进革石(Tsin-ko-che)和阿恼瓦(A-nao-wa)寨，并活捉反叛头目。

他娶通安州[7]千户阿木(A Mou)之女为妻。

第九代——木土(Mou T'ou)，字养民，号培元，生于1364年，卒于1433年，1426年起执政。1428年，他击败战略要地石门关的头领阿号丈(A-hao-tchang)；1433年，阿号丈臣服。木土娶鹤庆[8](Ho-k'ing)高知府的次女为妻。

第十代——木森(Mou Chen)，字升荣，号大林，生于1401年，卒于1441年，1434年执政。

---

① 参第609~610页。

② 《天下郡国利病书》(一百〇九卷第28页)记载：木初掌权后，陆续参与平定白交山叛乱、伪平章贡哈喇(Kong-ho-la)叛乱、麓川思任(Sseu-jen)的叛乱(参《南诏野史》宋嘉铭译本第226、235~236页)，并屡立战功。亦可参兰州注释(沙畹原文第609页)中顾炎武(Kou Yen-wou)对木初征战白夷刀卜孟(pai yi Tao Pou-mong)的记载。

③ 参第610~611页。

④ 参《明史》一百四十四卷第2~3页。

⑤ 盐井卫(Yen tsing wei)即今宁远府所辖的盐源，位于四川境内。左所即打冲河守御中左千户所，隶属盐井卫(参《明史》四十三卷第9页)。现此地称盐中左所，距西昌西南140里(参《大清一统志》三百〇五卷第5页)。

⑥ 李指挥，该头衔是指称为"卫"的军事区域的指挥使司军官。此处提到的李指挥可能是李朱(Li Tchou)。据《明史》(三百一十三卷第3页)记载，1384年，李朱曾任大理府副千夫长。

⑦ 指丽江。参第602页第1段。

⑧ 鹤庆是今丽江下辖的一个县，距丽江东南350里。鹤庆的土名为漾共(Yang-kong)(参《元史》六十一卷第3页)。此名现仍用于指距鹤庆东5里的一条河。白郎补注：鹤庆距丽江东南350里这个数据似乎有误。漾共江由丽江流向鹤庆。

他参加沐晟（Mou Cheng）①率领的朝廷军队对麓川②缅人的征战并获胜。他娶木保巡检阿俗之女为妻。 181（619）

第十一代——木嵚，字惟高，号峻乔，生于1429年（？）③，卒于1485年，1442年执政。

景泰二年（1451），西藏土匪阿劄（A-ta）进犯巨津州④。1452年，兰州⑤知州被入侵者所杀。木嵚据朝廷命令，亲自征讨并抓获匪徒数人。1455年，他再次驱逐再度来犯白地（Po-ti）和宝山州⑥一带的西藏土匪。天顺六年（1462），他攻克剌宝鲁普瓦寨（La-pao-lou-p'ou wa tchai）⑦及鼠罗⑧修罗占普 182（620）

---

① 《南诏野史》（宋嘉铭译本第225～227页）中给我们提供了沐氏的一些有趣信息。其家族十六代一直统治云南，首要代表人物是沐英（Mou Ying），卒于1392年。其三子为：沐春（Mou Tch'ouen），卒于1398年；沐晟，卒于1439年；沐昂（Mou Ang）。这三个儿子相继执掌政权，并都远征麓川。

② 麓川位于怒江河谷［参于贝尔（Huber）《法国远东学院学刊》，1909年，第669页注释3］。我认为，宋嘉铭先生将麓川当作平缅（P'ing-mien）有误。平缅位于陇川河（Long-tch'ouan），即伊洛瓦底江（Iraouaddy）的左支流瑞丽江（Chwe-li）畔。麓川至腾越（T'eng-yue）（Momein）南部需步行七日（参《南诏野史》宋嘉铭译本第68页注释）。与麓川有关的大事件如下：1276年，元朝设置麓川州和平缅州（参《元史》六十一卷第13页）；1397年，麓川当地首领叛乱，驱逐朝廷命官（参《南诏野史》宋嘉铭译本第228页）；1398年，沐春远征麓川；1437年，麓川当地首领再度叛乱（同上，第234页）；1439年，沐晟奉旨平乱，但因其下属的一次失利而自杀。这次平乱可能就是丽江土知府木森参与的讨伐；1441年，再次征伐麓川，但似乎没有太大收获；1448年，汉族将领王冀（Wang Ki）成功平定孟养（Mong-yang）叛乱；1452年，缅王将在他那里避难的叛军头目交给朝廷（同上，第236页）。译注：沙畹在原文中专门在"T'eng-yue"后用括号注明"Momein"。这是腾越的缅甸语名字。

③ 手写本中指明此处为宣德己巳年，但此年份显然有误，极可能是己酉年，即1429年。

④ 参第612～613页。

⑤ 参第607～609页。

⑥ 参第606～607页。

⑦ 我决定不随意将表示地名的名称切分开，而是照原文记录。例如此处的"剌宝鲁普"（La-pao-lou-p'ou），我不知道究竟是一个村寨的名字或是分别叫"剌宝"和"普鲁"的两个村寨的名字，抑或是叫"剌宝"的一个地方的一个叫"鲁普"的村寨。至于地名最后的"瓦寨"这个词，"寨"指中国西南当地有防御工事的村落；"瓦"字则常用于"寨"字前，让我觉得是指某些村落土名的记音。

⑧ 和继全补注：今四川省木里县水洛乡。

瓦寨[1]；1464年，战胜鼠罗剌罗岩那瓦寨[2]、里俸[3]见能瓦寨及里俸梅矢瓦寨；成化四年（1468），打败你那母来各寨[4]、当瓦寨、木都瓦岩甸寨；1470年，征服为刁[5]下接具加瓦寨[6]、相必瓦寨、剌木瓦寨、剌何场寨。1482年，攻下照可其琮剌普均里场其立佉丁[7]；次年，击败忠甸[8]早瓦寨；1484年，攻克忠甸攒罗。

183（621） 他的正室是鹤庆[9]高知府之女。

第十二代——木泰（Mou T'ai），字本安，号介圣，生于1455年，卒于1502年，1485年执政。

西藏土匪阿加南八（A-kia-nan-pa）侵犯白甸各村寨，木泰亲自征讨并攻克鼠罗苴公寨、可琮寨、吾牙寨、鼠罗于杨寨别甸寨及诏可加日寨。[10]

成化二十三年(1487)[11]，西藏土匪阿加那立（A-kia na-li）[12]等人进犯巨津州。在三次交战中，木泰军队俘获八九十人，无数敌军溺死江中。此外，他又相继攻克你那巴罗岩瓦寨、中甸托散佉玉寨、均集玉寨、空立寨、见沙各寨及

---

① 此处再次出现类似的疑惑，我不知道修罗占普意味着一个还是两个村寨。但至少“鼠罗”应该是一个地名，因为我们常在村庄名称开头看到它。我认为“鼠罗”和《木氏宦谱》中提到的“猎猡”一样。据大旅行家徐弘祖的说法，猎猡是丽江北部的古宗部族（参《徐霞客游记》第七卷第5～6页）。

② 参上一条注释。

③ “里俸”（Li-fong）重复出现在下一个地名的开头，极可能是有很多村庄的一个区域名称。

④ 你那（Ni-na）可能就是临西县（参第613页）。

⑤ 译注：此处沙畹在正文中加入中文“为刁”，但在脚注中则又写作“为昔”。译者保留原文。

⑥ 我确定“为昔”即为今维西（参第572页注释1）。

⑦ 照可（Tchao-k'o）在1561年石鼓铭刻中写作“昭可”，应是维西东部地区的名字。我们知道此地附属照可的其宗（K'i-tsong）和剌普，曾是维西下辖的两个村镇（参第572页注释1）。

⑧ 忠甸（Tchong-tien）今写作中甸，是丽江北部的一个厅。

⑨ 参第619页注释2。

⑩ 白郎补注：此处应该是攻克鼠罗的苴公寨、可琮寨、吾牙寨，鼠罗的于杨寨、别甸寨及诏可的加日寨。

⑪ 白郎补注：应为弘治三年，即1490年。

⑫ 白郎补注：阿加南立。

鼠罗的托其罗寨。① 他还平定四川边界蛮人酿祝先机②的动乱。云南总兵官沐琮(Mou Tsong)将此上报朝廷。同年，木泰战胜忠甸伽攒西里佉寨、大当香各寨及年玉寨的西藏人。③ 此后，又继续攻克并建立岩那瓦寨、瓦日瓦寨、西里瓦寨、刺甲瓦寨，大年玉瓦寨、你那香各瓦寨④、鲁瓦寨、古普瓦以上、手下瓦寨、岩瓦寨⑤、木俸瓦寨、迷刺岩瓦寨、佉那瓦寨、立尧各寨、玉刺寨、挥佉寨、刺红瓦寨、手立瓦寨及托普瓦寨⑥。在取得一系列辉煌战绩之后，木泰获诰书被封为太中大夫和世袭土官知府。 184 (622)

木泰娶邓川州⑦阿知州之女为妻。

第十三代——木定(Mou Ting)，字静之，号永明，生于 1484 年(?⑧)⑨，卒于 1526 年，1503 年执政。他几次与藏族人交战，娶北胜州⑩高知州之女为妻。

---

① 译注：原文中为"Ni-na"，但加注的汉字是"你郡"，疑为笔误。白郎补注：此处应为你那的巴罗岩瓦寨、中甸的托散、佉玉寨、均集玉寨、空立玉寨、见沙各寨及鼠罗的托其罗寨。

② 白郎补注："酿祝先机"应为具得。

③ 白郎补注：此处应为木泰战胜忠甸伽攒西里佉寨、大当、香各寨。

④ 依前文所述(参第 621 页注释 4)，你那似乎是一个区域，但我不知道你那地区的香各瓦寨和前面提到的大当香各寨是否为同一个地方(参第 622 页第 1 段)。白郎补注：香各瓦寨应在忠甸，即今香格里拉。

⑤ 在第十三代的注释中，这个地名前有"永宁"二字。我们可以认为，此地属于永宁地界(参第 609 ~ 610 页)。

⑥ 白郎补注：此处应为继续攻克的年玉寨设立岩那瓦寨，攻克瓦日瓦寨、西里瓦寨、刺甲瓦寨、大年玉瓦寨，攻克你那的香各瓦寨、俸鲁瓦寨，鼠罗的古普瓦寨以及卜瓦寨、岩瓦寨、木俸瓦寨、迷刺岩瓦寨、佉那瓦寨、立尧各寨、玉刺寨、挥佉寨、刺红瓦寨、手立瓦寨及托普瓦寨。

⑦ 邓川州距今大理府北 90 里，隶属大理府。即过去六诏之一的登赕诏(Teng kien)(参《元史》六十一卷第 11 页；《南诏野史》宋嘉铭译本第 18 页)。

⑧ 白郎补注：木定生于成化十二年，即 1476 年。

⑨ 我觉得应是成化十年，而不是成化二十年，即 1484 年应改为 1474 年。这样，也就可以解释木定的儿子木公生于 1494 年。

⑩ 参第 605 ~ 606 页。

185 (623) 第十四代——木公[①]，字恕卿，号雪山[②]，别号万松，生于1494年，卒于1553年，1527年起执政。

1528年，寻甸[③]安凤叛乱，次年进攻省府。木公平定叛乱，云南总兵官沐绍(Mou Chao)[④]将其功绩上奏皇帝。

1540年[⑤]，朝廷决定镇压安南叛乱，曾负责军务的兵部尚书毛[⑥]对木公的行动十分满意。

1547和1548年，木公命儿子阿目(A-mou)[⑦]对藏用兵。这些战事都在
186 (624) 石鼓铭文上得到颂扬。《木氏宦谱》和石鼓铭文都提到了毛佉各(Mao-k'iu-ko)和矿粗(K'ouang-tsou)[⑧]这两个地名。

木公娶武定(Wou-ting)[⑨]凤知府之女为妻。

第十五代——木高，字守贵，号端峰，别号九江，生于1515年，卒于1568年，1554年起执政。

---

① 1548年，该首领对藏用兵军功显赫。这些被记录在形如圆盘的石碑背面的汉语铭文中(参第566页)。杨慎1454年的序言中认为，是木公撰写的家谱。它成了本书第一部分的参考资料。木公还出版过一本以自己别号命名的汉语诗集《雪山诗选》(参《大清一统志》三百八十二卷第4页)。这一切足以证明他深受汉文化的影响。我们在此称赞他，是因为他的作为使我们获得了了解丽江的史料。

② 该别号源自丽江府北面的山名(参第602页注释4)。白郎补注：木公诗集的名称是《雪山诗选》。

③ 寻甸是今云南省巨津州下辖的一个县。安凤事件在《天下郡国利病书》(606页注释2)中有记载。而在其他似乎更权威的著作中，则记为"安铨事件"。关于安凤或安铨叛乱，可参《南诏野史》宋嘉铭译本第238~239页或《通报》1906年第682页注释1及第686页。

④ 参第619页注释3。而在《明史》中，此人不叫沐绍，而叫沐勋(Mou Hiun)(参《通报》1906年第687页)。

⑤ 《木氏宦谱》中将嘉靖十九年误写为嘉靖九年。关于此处指事件，可参《南诏野史》宋嘉铭译本第241~243页。

⑥ 毛伯温(Mao Po-wen)(《南诏野史》宋嘉铭译本第243页)。白郎注：此兵部尚书是伍文定。

⑦ 此人应为木高(Mou Kao)，1461年的铭文上说他被父亲派遣远征。译注：此处沙畹写为1461年，疑为笔误，应为1561年，因木高生于1515年。

⑧ 石鼓铭文写作"鑛租"。

⑨ 可能与凤诏(Fong Tchao)有关(参《通报》1906年，第681~684页，第688~689页)。武定是云南下辖的一个县。

1554 年，他修建你那天接黄金桥[1]。1555 年[2]，他受封知丽江军民府。同年，一次胜仗后，在鼠罗[3]建立那水天掌寨，从立各开始[4]都臣服于他。1559 年，土匪孤蒲（Kou-p'ou）包围中甸[5]，他派长子前去解围。皇帝在确认其众多功绩后颁布诏书，说他："诚心报国"[6]；割股奉亲[7]；在边境教化民众；战功赫赫令北边的西藏人闻风丧胆；他的忠诚和孝顺无人能及，187 这种品德令人称颂；兼具文韬武略，才华令人赞叹。(625) 因此，皇帝让他官封三品，位列九卿，永为乔木世家[8]。

木高娶蒙化（Mong-houa）[9]左知府之女为妻。

第十六代——木东（Mou Tong），字震阳，号文岩，别号郁华，生于 1534 年，卒于 1579 年，1569 年起执政。

1569 年，他在你那建立天喜寨。1572 年，你那利干毛[10]地区的相刀胡目[11]在木东面前下跪，后悔自己所犯的错误。木东又建香水雷胜寨。皇帝赐他"西北藩篱"四字作为褒奖，意为"他是我们西北的屏障[12]"，并允许他建写有此四字的牌坊。

1578 年，他对藏用兵取得辉煌战绩，重建整个蛮人边境的秩序。

木东娶北胜州[13]高知州之女为妻。188 (626)

---

① 白郎补注：此处应理解为你那的天接、黄金桥。

② 《木氏宦谱》上为嘉靖四年，但应为嘉靖三十四年。同样，下文在《木氏宦谱》中为嘉靖八年，但实际应为嘉靖三十八年。

③ 参第 621 页注释 1。

④ 白郎补注：此处应理解为建立鼠罗的那水、天掌寨，从立各寨以下开始。

⑤ 参第 580 页注释 7。

⑥ 此句见 1561 年石鼓铭文中。

⑦ 按照中国的典故，木高割下一块大腿肉给父母亲吃，以便为父母注入新的生命活力。

⑧ 乔木世家。《诗经》（*Che king*）（"国风"，1 卷第 9 篇）有诗句"南有乔木"，意为南方有高大的树木。

⑨ 蒙化是今独立的一个厅，位于大理府北和景东厅（King-tong）南之间。《大清一统志》（三百八十八卷第 1 页）记载当地世袭知府为左氏。

⑩ 此地在 1561 年石鼓铭文中提及。

⑪ 白郎补注：此处的"相刀胡目"应理解为该地的头人叫相刀。

⑫ 白郎补注：此处应理解为"云南西北的藩篱"更为准确。

⑬ 参第 605 ~ 606 页。

第十七代——木旺(Mou Wang)，字万春，号玉龙，别号神岗①，生于1551年，卒于1596年，1580年继承世袭职位。

1582年，永宁人聚集五所②士兵进犯鼠罗27个地方。木旺将其击溃，使其四处逃散。

1583年，他协助朝廷军队对藏用兵，然后征战缅甸掸邦。同年，刺他的西藏人秘密联络五所围攻香柱寨。木旺将其击败。萧巡抚将一切全部上奏皇帝，使木旺被诰封为中宪大夫，夫人受封恭人。

同年，木旺在照可③建立均鲁瓦寨；在你那④修建三巴丁佉铁索桥、
修复昭苍城墙；还在巴托修筑卜习城墙。后来，缅甸人围攻永昌(Yong-
189 (627) tch'ang)和腾越⑤，他亲率士兵救出被困的中国人，但他亦在此战役中牺
牲。⑥ 皇帝在一份诏书中对他的忠诚表达敬意。

木旺娶兰州⑦罗知州之女为妻。

第十八代——木青(Mou Ts'ing)，字长生，号乔岳，别号鹤松⑧，生于1569年，卒于1597年，1596年起执政。

1592年，木青尚未掌权，云龙州(Yun-long)力苏⑨抢掠了五井司提举的皇盐并叛乱。在云南政府的授权下，木青平定叛乱，并获牌匾作为奖励。

---

① 白郎补注：应是坤岗。

② 关于永宁，参第609~610页。“五所”应是五个被称为“所”的行政单位。不能将永宁五所和盐井五所混为一谈，盐井五所是勒帕日(Lepage)先生翻译的Sa-lien铭文(1392)(参《亚洲学报》1910年9~10月，第244页)中提到的。

③ 参第621页注释6。

④ 参第621页注释4。

⑤ 原书中的“永腾”显然是指永昌和腾越。1583年，这两个地方受到缅甸叛乱者的侵扰(参《南诏野史》宋嘉铭译本第249页1~3行、第250页21~22行)。

⑥ 应该说这场战争旷日持久，而木旺在1596年就去世了。

⑦ 参第607~609页。

⑧ 白郎补注：应是松鹤。

⑨ 云龙是今距大理府西500里的一个县，隶属大理府。我认为，“力苏”应是一种少数民族，常写作“力些”“傈僳”(参玛德罗尔，《通报》1908年，第534~535页)。五个盐井中最主要的位于洛马(Lo-ma)，地处云龙州东1里。这些盐井均受洛马五井盐提举司监管(《木氏宦谱》中误写作“司提举”)。据《大清一统志》(三百七十八卷第4页)记载，五井分别是：(1)洛马井，(2)石缝井(Che-fong)，(3)河边井(Ho-pien)，(4)石门井(Che men)(距云龙州东北30里)，(5)山井(Chan-tsing)。在另一份名单上列举的最后两口井则是金泉井(Kin ts'iuan)和民居井(Min kiu)(参《明史》四十六卷第4~5页)。

1597 年，隶属顺宁（Chouen-ning）①的大侯（Ta-heou）州叛乱。木青向朝廷 190（628）
捐军饷白银 4 000 两。接着，他接到参战命令并殉职。

木青娶兰州②罗知州之女为妻。

第十九代——木增，字长卿，号华岳，别号生白，生于 1587 年，卒于 1646 年，1598 年起执政。几次对藏用兵胜利后，木增向朝廷进贡。朝廷当时在辽东抗击满洲（Mandchous），木增向户部捐赠 10 000 两白银做军饷。此外，他向皇帝进谏十条③。

1627 年，皇帝恩准他为母亲立贞节牌坊。1628 年，他受命平定云龙④叛乱。

1643 年⑤，他镇压了剑川⑥百户李永镇（Li Yong-tchen）兄弟的叛乱。

木增娶宁州（Ning）⑦知州之女为妻。

191（629）
第二十代——木懿，字昆仑，号台美，生于 1608 年，卒于 1692 年，1624 起执政，但他很早就代父掌权。1636 年，他平定必哩⑧（Pi-li）藏族部

① 顺宁即今云南下辖的一个府。大侯是云县的土名。我们在《明史》（四十六卷第 6 页）中可以读到："云州本大侯长官司。"

② 参第 607～609 页。

③ 据《大清一统志》（三百八十二卷第 4 页）记载，这十条谏言得到朝廷的认可。

④ 参第 628 页注释 3。关于云龙叛乱的起因，参《南诏野史》宋嘉铭译本第 259～261 页。

⑤ 我认为，《木氏宦谱》中记录的"第六年"（1633）应为"第十六年"（1643），因为在这段文字之前就已叙述天启七年发生的事件。

⑥ 参第 604 页。

⑦ 宁州是云南下辖的一个州，隶属临安府（Lin-ngan），位于临安府北。

⑧ 据 1639 年游历丽江的徐弘祖记载（参《徐霞客游记》第十卷第 19 页），此事似乎对木懿不利。他说：人们将丽江北部边界藏（番）人部落称为胡股（Hou-kou）和必烈（Pi-lie）（同《木氏宦谱》中所述"必哩"）。甲戌（1634）年，曾称隶属必烈部落的鹰犬部落因得罪必烈藏王，躲避到丽江边界立足，时常抢掠当地百姓；再加上北部胡股扰民，西北方前往拜见大宝法王（Ta pao fa wang）的道路几乎完全被切断。乙亥（1635）年秋，丽江土知府出兵镇压番匪。这些番匪低声下气地道歉，让丽江士兵沾沾自喜；他们又散布流言说将逃离到远方。丽江人相信了这一切，放松了戒备，故遭番匪奇袭惨败。丽江统治者的祖先们一直威震南疆，所到之处，战无不胜。此次突遭惨败，使丽江人十分愤怒却无力报仇。徐弘祖又说（参《徐霞客游记》第十卷第 20 页），从丽江府北到必烈需步行两月，再向西北步行两月就到大宝法王处。白郎补注：大宝法王即喇嘛教噶玛噶举派的大法王噶玛巴。

落叛乱；在云南政府授权下，他讨伐为争夺蒗蕖州①权力而恶行累累的阿永年(A Yong-nien)。此后，蒗蕖州属丽江管辖。木懿效忠明王朝，但由于满洲军队不断扩张引发动乱，1647 年他的府邸被洗劫，朝廷赐予祖先们的
192 (630) 诰牒也都被毁。1659 年，云南被满洲人所占。木懿第一个归顺新主，而被派到云南、四川的吴三桂(卒于 1678 年)则意图独立。为达此目的，他与西藏人交好，遭到丽江王的反对。为了惩罚木懿，吴三桂剥夺了元朝政府授予木氏的金印及银印各一枚，接着在木懿的领地划出包括照可在内的五个地方割让给西藏人。② 由于木懿拒绝接受吴三桂颁布的诏书，被囚禁于云南府七年。最后，连其宗(K'i-tsong)和剌普也被割让给西藏人，但丽江的统治者仍要将属于这些地方的税收上交吴世番。尽管命途多舛，但木懿活了近 90 岁，并与家人四世同堂，其乐融融。他娶武定宦禄氏之女为妻。

第二十一代——木柚(Mou Yeou)③，字君章，号治安，生于 1628 年，卒于 1688 年④。木懿的继承人原是长子木靖，但他于 1672 年早逝，就由其弟木柚继承兄长。但是，木柚于 1680 年请辞。

第二十二代——木尧，字中嵩，号华岳，生于 1647 年，卒于 1708 年，1680 年起执政。同年，吴世番公开叛乱，木尧拒绝与他同流合污，并派密
193 (631) 使前往四川勇略将军赵良栋(Tchao Leang-tong)⑤处表其忠心。为了加强防御，木尧加固丘塘关⑥(K'ieou-t'ang)⑦，并派出 2 000 名士兵协助镇守建昌(Kien-tch'ang)⑧的汉族将领，得到定远平寇大将军固山贝子章泰(kou-chan pei-tseu Tchang-t'ai)⑨的赞扬。1680 年，皇帝下诏称赞木尧，并命令他和朝

① 参第 610 ~ 611 页。译注：此处沙畹加注中文为“浪渠州”，但脚注中所提到的页码却写作“蒗蕖州”。为方便阅读，以下统一写作“蒗蕖州”。

② 参第 573 页注释 3。

③ 白郎补注：在另一个版本的《木氏宦谱》中，第二十一代是木靖。

④ 白郎补注：据洛克考证，木柚卒于 1704 年。

⑤ 根据《东华录》，赵良栋于 1680 年 2 月 27 日担任云贵总督。极有可能是木华(Mou Houa)在他从陕西前往云南途经四川时与他接洽的。

⑥ 白郎补注：应作丘塘关，在丽江城以南。

⑦ 据《大清一统志》(三百八十二卷第 2 页)，坵塘(K'ieou-t'ang)在过去宝山州(参第 606 ~ 607 页)地界。

⑧ 建昌为四川一地名，位于宁远府。

⑨ 我添加了《木氏宦谱》中没有的“章泰”。它出自《东华录》。

廷军队一起围攻楚雄(Tch'ou-hiong)①。同年，胡国柱(Hou Kouo-tchou)等七个叛将带着10 000多人溃退到丽江，打算秘密渡江与西藏人会合，谋划再次叛乱。木尧故意指错路，同时命蛮人在江对岸设下埋伏，将叛军打得落花流水，胡国柱和同伙自杀身亡。② 194 (632)

1683年，吏部授予木尧丽江府世袭土知府头衔。此后不久，他因病让位给儿子木兴。

他娶姚安(Yao-ngan)③土同知高氏之女为妻。

第二十三代——木兴，字维新，号雪城，生于1667年，卒于1720年，1685年起执政。

木兴的文学和政治素养很高。此外，他喜欢诗歌和书法，与云贵总督蒋陈锡(Tsiang Tch'en-si)常有诗书往来。

1692年，吏部授予他与其父相同的头衔。

由于酷爱汉文化，他决心在丽江建一个文庙或孔庙④，并开办一个公立学堂。1720年，康熙皇帝对藏用兵⑤，木兴率领500士兵⑥负责为大军安营扎寨、修桥铺路、侦查情况、充当向导、照顾伤员。他的侄子，即养子木崇(Mou Tch'ong)，也是其指定继承人，率领100名当地士兵随大军远 195 (633)
征。在剌普⑦，木兴的士兵与一个叫巴松(Pa-song)的人发生口角并将他杀死。木兴一路行至阿墩子⑧，在那里获悉巴松是四川总督年羹尧(Nien

---

① 云南的一个州，位于大理府与云南府之间。

② 根据此处的叙事方式，我们可以推断胡国柱与他的同伙打算在丽江府渡过金沙江。而《东华录》(康熙二十年十一月)记载，胡国柱及其党羽死于云龙县(参第628页注释3)Ts'ing-li-wou。交战地点在澜沧江畔而非金沙江畔。

③ 今姚县，隶属楚雄州，地处云南省(参《元史》六十一卷第12页及《明史》四十六卷第4页)。

④ 据《大清一统志》(三百八十二卷第1页)，丽江府中学建于康熙三十六年(1697)。

⑤ 参海尼诗《中国历史片段》(*Bruchstücke aus der Geschichte Chinas*)(《通报》，1911年，第400页)

⑥ 参海尼诗(Haenisch)(《通报》，1911年，第402页)。

⑦ 金沙江右岸，维西下辖的六个村子之一(参第572页注释1)。

⑧ 参第580页注释2。

Keng-yao)的心腹，又得知年羹尧在皇帝面前谴责他。① 他即刻返程，在途中生病去世。② 而木崇高烧不退，药石不灵去世。木兴娶武定府③陆氏之女为妻，但无子嗣。侄子木崇是他的养子，娶鹤庆土司高氏之女为妻，去世时尚无子嗣。于是，位子传给木钟(Mou Tchong)，即木尧的第四子、木
196 (634) 兴的弟弟。

第二十四代——木钟，字云林，号永茂，生于1687年，卒于1725年④。四川总督年羹尧继续报复木氏⑤。木钟仅任知府四十几天就被年羹尧挑唆免职。除了木钟的妻子抢救出些许官牒，丽江的公文卷宗俱毁。此时，有人宣称木氏亏空白银一万两，系木兴及木崇挪用。木钟只有变卖家产充公，家业尽毁。他悲痛不已，绝食自尽。

第二十五代——木德，字芳盛，号念祖，木钟的长子，生于1714年，卒于1777年。年仅9岁，他便继任父亲一直未及上任的通判一职。那时，朝廷以“通判”取代了原来的知府一职。木德长大后，倾尽全力重振没落的家族。他到云南总督面前为已故的父亲辩解，终于让这位高官对此事引起重视。被错误充公的家产最终得以返还，并得到一笔补偿。人们赞扬他的
197 德行和涵养。在他去世后，朝廷诰封木氏为世袭丽江府通判⑥。木德有两
(635) 个儿子，长子木坤(Mou K'ouen)二十岁早逝，次子木秀(Mou Sieou)因袭父

① 整个事件比较模糊，但可以借助《东华录》中的两个章节做些了解：康熙五十九年(1691)二月，云贵总督蒋陈锡(此人就是《木氏宦谱》中提到的木兴的私交)建议，将曾割让给西藏人的中甸及当时隶属四川的巴塘和理塘重新划归丽江。此呈请获准。但同年四月，四川巡抚年羹尧反对这一决定，指出理塘和巴塘是他从西藏人手中夺回的，对四川而言它们也是川藏道路的要塞，因此至少暂时要将这两块土地归还给他。这个说法也得到了认同。此事让我们了解到四川巡抚和丽江土知府间深刻的利益冲突，也不再惊讶于1720年在远征西藏途中发生的敌对事件。如《木氏宦谱》所述，年羹尧不断地报复，最终成功地摧毁了木氏统治。译注：康熙五十九年应是1720年。

② 白郎补注：木兴重病后，被抬回丽江于当年去世。两年后，木崇去世。

③ 武定是今云南省的一个县。关于明朝时武定当地统治者的世系，参《通报》，1906年，第676~695页。康熙年间，凤氏被陆氏取代。

④ 似乎应该理解为1723年，因为出生于1714年的木德九岁继任父职。

⑤ 白郎补注：云贵总督高其倬是四川总督年羹尧的好友，有种说法是此人为打击木氏而上奏“改土归流”事宜。

⑥ 世袭丽江府通判。既然木德在死后才获得此头衔，那么它就与《维西闻见录》中所载相吻合。《维西闻见录》(参第574页)说，1729年取消了丽江当地首领的通判一职。

职。木德娶姚安[①]当地首领高厚德(Kao Heou-tö)的侄女为妻。

《木氏宦谱》就此结束，似乎有人在后面加上了木德后代的名字：

第二十六代——木秀，字镇岳。

第二十七代——木睿(Mou Jouei)，字不详。

第二十八代——木汉(Mou Han)，字映云。

第二十九代——木景(Mou King)，字景阳，号曙东。

---

① 参第633页注释1。

第五章 《明史》节选

丽江——南诏蒙氏设丽水节度；宋时，么些蛮的一支蒙醋占领此地；元初设立察罕章宣慰司；至元年间(1264—1294)，改名为丽江路军民总管府，后又改为宣抚司。洪武十五年(1382)，设立丽江府。

洪武十六年(1383)，蛮人首领木德入朝觐见并进贡马匹[1]，被任命为
198 (636) 知府[2]，罗克被任命为兰州知州[3]。洪武十八年(1385)，巨津土司阿奴聪叛乱，占领石门关，千户长浦泉(P'ou-ts'iuan)在战斗中牺牲。吉安侯陆仲亨(Lou Tch'ong-heng)命令指挥官李荣(Li Jong)和郑祥(Tcheng Siang)征讨阿奴聪。叛军战败躲入山谷，最终被抓获杀死。木德参加了此次征战。接着，他又与平西侯沐英征战景东[4]，平定边界。这几次战役中，木德屡立军功，朝廷允许其世袭职位。二十四年(1391)，木德逝世。

其子木初袭父职。他原负责镇守临近西番的巨津州及石门关。[5] 在接

---

① 参第617页17～18行。

② 译注：此处加注的中文与译者所查的《明史》均写作“木德”，而《木氏宦谱》中则将第七代写作“木得”，“木德”为第二十五代。译者保留原文。

③ 参第609页4～9行。

④ 1387年，沐英征讨进犯景东的缅人。景东即今景东厅，位于红河(Rivière noire)右岸，北去大理府与南去思茅(Sseu-mao)的距离相当[参《南诏野史》宋嘉铭译本第16页注释15、第67页及第222页；多特迈尔(Dautremer)《中法友好协会简报》卷I，第354～355页]。据《天下郡国利病书》(一百〇九卷第26页)记载，元时，一个名叫阿只鲁(A Tche-lou)的人受封景东土知府；元末，其后人俄陶(Ngo T'ao)诚心归顺明朝，受封土知府；俄陶之子陶干(T'ao Kan)因袭父职。从此，景东当地统治者以“陶”(T'ao)为姓。而之前，他们按当地习俗用父亲名的最后一个字作为儿子名字的开头。根据1392年勒帕日先生翻译的铭文(《亚洲学报》，1910年9～10月，第238页)，归顺明朝的景东统治者被赐名陶承恩(T'ao Tch'eng-ngen)。

⑤ 参第603～604页。

任父职后，沐英请求任命木初的弟弟木亏为千夫长，代替兄长镇守石门， 199 (637) 此建议获准。二十六年(1393)六月，西平侯沐春上书皇帝：丽江原住民每年上缴白银七百六十两，都产自么些，而人们用马匹交换白银，又不知白银真伪，建议用马匹代替白银上缴。[①] 此建议被采纳。

三十年(1397)，根据沐春的建议，朝廷将丽江府改名为丽江军民府。

永乐十六年(1418)，检校庞文郁(P'ang Wen-yeou)认为，丽江及下辖四州[②]宝山州、巨津州、通安州及兰州已开化许久，请求开办学校。此建议被采纳。

宣德(Siuan-tö)五年(1430)，丽江府上书皇帝称：者保(Tchö-pao)和澜沧江流域的其他寨蛮[③]聚成团伙劫掠。黔国公沐晟命人前去安抚教化，但他们不肯归服。朝廷决定再次招安，但兰州土官罗牙(Lo Ya)等人上书，称者保违反圣意并请求出兵镇压。皇帝命令黔国公及云南三司见机行事， 200 (638) 并说不要因纠缠细枝末节而导致蛮民造反。

正统五年(1440)，朝廷为表彰木森征战麓川[④]所立战功，授其诰书并加授大中大夫和资治少尹。

成化十一年(1475)，木嵚(Mou k'in)上书，称鹤庆[⑤]千夫长赵贤(Tchao Hien)屡次纠集贼匪团伙到丽江地界抢掠，请求朝廷派临近驻军将其抓获剿灭。皇帝命令两地政府自行协商解决纠纷。

嘉靖三十九年(1560)，知府木高为修建皇宫捐白银2 800两。皇帝下诏，允许他穿三品文职官服并授诰书。

四十年(1561)，他又捐白银2 800两用于植树。皇帝下诏，官进一级，授亚中大夫头衔并授诰书。

万历三十一年(1603)，巡按御史宋兴祖(Song Hing-tsou)上书，称税使内监杨荣(Yang Jong)打算强制丽江当地统治者放弃自己的属地并征税。而 201 (639)

---

① 此奏章有点模糊，得出的结论似乎是允许丽江人将以往用白银纳贡改为用马匹纳贡。

② 上海的版本中将“四州”误写为“四川”。参第616页注释4、3、2、5。

③ 白郎补注：应为土蛮。

④ 参第619页注释4。

⑤ 参第619页注释2。

他本人认为，自太祖时代起，木氏获许世代掌管此地，镇守石门以隔离西域，镇守铁桥以隔离吐蕃，滇南一带视他们为屏障。如果此时贸然让他们放弃领地并征税，必定会失去地处遥远的蛮人之心。如果朝廷肯接受他的意见，就可年年得防吐蕃。否则对国家而言，这仅仅是一个小损失吗？这份奏折呈给皇帝后，事态才得以平息。

三十八年(1610)，知府木增为讨伐蛮人之征战捐军饷两万两，请求与北胜土舍[①]高光裕(Kao Kouang-yu)列为平级并升职。朝廷批准并赐他三品官服，但当地御史指责此举过当，并请求收回新恩。这一建议被采纳。

四十七年(1619)，木增再次资助讨辽白银一万两。

泰昌元年(1620)，朝廷列出木增功绩表，赏赐银制表里(Piao-li)(装饰品)，并赏其子木懿和舍目(Chö-mou)与他们官级相称的银两和大量丝

202 (640) 绸。天启二年(1622)，木增生病，朝廷提拔木增为左参政，但他辞去了所有职务。五年(1625)，皇帝特授诰书给木增，以表彰其忠心。

在云南所有土官中，丽江木氏优于其他土官。他们通晓《诗经》(*Che king*)及《书经》(*Chou king*)，崇尚礼仪，遵守法纪。

① 参第605~606页。

第六章　石鼓铭文[1]

A. 1548 年的碑铭

太平歌

当接到征讨蛮人的命令，万事昌盛。上苍庇护积善行的人，我们才有盈余。[2] 乡亲们搀扶老人前来叮嘱，长者们牵着孩子[3]，跑来看朝廷的宏大场面。[4] 禁止杀戮，保全百姓[5]，功德无量[6]。我们谋略出众，大获全 203 (641)

---

① 参第 565 页。

② 参《易经》(*Yi king*)“积善之家必有余庆”。“庆”字是阳韵，与上个句子中的“昌”押韵。

③ 参司马迁(Seu-ma Ts'ien)第四卷第 2 页：当初周朝的先祖移民，豳(Pin)地的人全都“扶老携弱”追随他。译注：参司马迁《史记・周本纪》：“豳人举国扶老携弱，尽复归古公于岐下。”

④ 参《易经》第二十卦“观国之光，利用宾于王”，意为仔细观察一个国家民风好的方面，对成为君王的助手是有利的。

⑤ 参《前汉书》(*Ts'ien Han chou*)二十三卷第 10 页“除肉刑者本欲以全民也”，意为废除残害身体的肉刑，首先是保全民众的愿望。

⑥ “阴骘”出自《书经》“洪范篇”(理雅各，Legge C. C.)第三卷第 320 页“天阴骘下民”，意为所积的阴德庇护天下人。从此意出发，可以得知上天根据各人之所为而安排其命运。也就是说，行恶之人将遭到惩罚，行善之人则得到庇护。社会上流行的著名的劝善书《阴骘文》标题就源于此。译注：原文正文中采用意译，并未出现“阴骘”一词，但在脚注中出现并解释此词。译者保留原文内容。理雅各是伦敦布道会传教士，英华书院校长，近代英国第一位著名汉学家。他是第一个系统研究、翻译中国古代经典的人，从 1861 年到 1886 年的 25 年间，翻译“四书”“五经”等中国主要典籍共 28 卷。他与法国学者顾赛芬、德国学者卫礼贤并称“汉籍欧译三大师”。《文昌帝君阴骘文》简称《阴骘文》。作者不详，成书年代亦不详，有各种手抄本、刊刻本。此书告诫人们为人处世的道理，行善去恶，以达到理想的人生境界。

胜，盛名远播。旌旗蔽日，彩云满天，沾满鲜血的剑戟散发着寒光。① 命令催促向北行，敌军士气大跌；长矛盾牌指向西，敌军已晕头转向。耐心的说教会改变一个地方，就像小草会屈从风吹的方向②；良驹总会跑完全程，就像太阳融化雾凇。如同神灵一样有勇有谋，无人能及，我们的队伍奋勇向前如同貔貅③。敌人无力抵抗，溃不成军。我们以此证明对圣主忠
204 (642) 心不二，保证边疆的安宁。我们黑色士兵的军营④将永远镇守万里疆土。⑤

破虏歌

我们在两年间赢取了江东西两岸的胜利，我们的战马在千万里的征途上嘶鸣。尽管是六月天⑥，依然冰天雪地，寒风刺骨。秋季的三个月里，雾气雨水模糊视线。雪片大如手掌，雨不停歇下到夜晚；寒风像利剑一样，冰雪冻结了道路。牛马在霜冻的道路和散乱的沙子上前进。蛮人的马

---

① 直译就是"让它们的锋芒寒冷"。《佩文韵府》(*P'ei wen yun fou*)中，苏轼(Sou Che)(苏东坡，Sou Tong-p'o)的一首诗中有诗句为"新月皎如画，疏星弄寒芒"。译注：《佩文韵府》是清代官修大型词藻典故辞典之一，由清朝的张玉书、陈廷敬、李光地等七十多人编撰。成书时间为康熙五十年(1711)。"佩文"是康熙的书斋名。沙畹所注此句出自苏轼诗《牛口见月》："掩窗寂已睡，月脚垂孤光。披衣起周览，飞露洒我裳。山川同一色，浩若涉大荒。幽怀耿不寐，四顾独彷徨。忽忆丙申年，京邑大雨滂。蔡河中夜决，横浸国南方。车马无复见，纷纷操伐郎。新秋忽已晴，九陌尚汪洋。龙津观夜市，灯火亦煌煌。新月皎如昼，疏星弄寒芒。不知京国喧，是谓江湖乡。今来牛口渚，见月重凄凉。却思旧游处，满陌沙尘黄。"

② 这里隐约借用《论语》(*Louen Yu*)(十二卷第19页)中的暗喻，意为没有开化的人会效仿已开化的人，就像小草会被风吹屈服一样。译注：沙畹注释中可能借用的是《论语》中"君子之德风，小人之德草，草上之风必偃"。

③ 此处将士兵比喻为勇猛的神兽。这些神兽是神话传说中黄帝用来对抗敌人的。同样的词"貔貅"也出现在司马迁讲述这个古老传说的作品(法译本，第二卷第28页)中。译注：沙畹在注释中提到司马迁的作品。1889年初，24岁的沙畹被法国外交部派来中国，开始着手《史记》的研究和译注，分为5册，于1895至1905年间陆续出版。沙畹在本文中一般用司马迁代指该书，统一翻译为《司马迁史记》。

④ 我认为，原碑铭中此处应为"乌师"而非"鸟师"，因为我从未在任何文学作品中看到以"鸟"称呼军队者。译注：原文正文中采用意译，并未出现"乌师"一词，但在脚注中出现并解释此词。译者保留原文内容。白郎补注："乌师"，可理解为身着铁甲的军队。

⑤ 这首凯歌每句七字，第一句和所有的偶数行均为平声阳韵。韵脚为：昌、庆、光、扬、芒、亡、霜、当、疆。

⑥ 意为在盛夏。

蹄印总是朝向江的南边。如果他们到达，就会侵扰我们的边界临西①。朝廷的军队英勇地守卫着临西，将领们声如雷霆，让敌人吓破胆，军旗落地 205（643）
都无人去捡。他们接到首领的命令②，匆忙相互扶携渡江逃窜。马鞍上空空无人，粮草也被丢弃。敌人的服装和包□③布满战场。我们的士兵争先恐后撕裂匈奴④的营帐。敌兵匍匐⑤在地，纷纷倒戈⑥，魂飞魄散⑦。我们激动的士兵⑧就如打雷一样动摇了单于的意志⑨。头颅堆积如山，血流成河。盔甲和盾牌丢满山谷沟壑。我们经过申年（1548）、酉年（1549）⑩打垮敌军，狐踪豹迹已在沙漠绝迹⑪。金碑高达三十丈⑫，我们刻下明朝将领 206（644）
光辉战绩的颂歌。士兵们排列整齐⑬，得胜而归，胜利的歌声回荡天边。

---

① 参第613页4～13行。

② 参《左传·成公七年》(*Tso tchouan*)“余必使尔罢于奔命以死”，意为我要强制你为服从君主的命令奔走忙碌直到死。出处同上，“岁七奔命”，意为在一年内为效力君主而奔忙七次。《襄公二十六年》“楚罢于奔命”，意为楚国将领为执行君主的命令筋疲力尽。庾信(Yu Sin)在其著名的代表作《哀江南赋》中也说“华阳奔命”（华阳指南京地区，是南朝梁的首都），意为我匆忙去执行君主的命令。我们可以确定“奔命”一词在这份碑铭中的意思，是指藏人将领溃败、筋疲力尽，不得不相互扶携渡江。

③ 白郎补注：此处应指粮袋。

④ “匈奴”在此喻敌军。

⑤ “匍匐”一词在《诗经》中出现两次（“国风”第十篇第4节和“大雅”第一篇第4节），在《左传》中亦写作“蒲伏”（《昭公十三年》。理雅各，第五卷652页）。

⑥ 《书经·武成》的“倒戈”指殷商的士兵抵抗周王，很远就转身对付自己身后的人，然后夺路而逃。参《司马迁史记》，法译本第一册第234页。译注：沙畹注释的内容可参《书经·武成》：“会于牧野，罔有敌于我师，前徒倒戈，攻于后以北，血流漂杵。”

⑦ 我推测是指吓晕了。但是，我未曾在其他地方见过碑铭中的“却魂”这个表达。译注：原文正文中采用意译，并未出现“却魂”一词，但在脚注中出现并解释此词。译者保留原文内容。

⑧ 碑铭中此处的“躯”应等同于“驱”。

⑨ 单于是匈奴人的领袖，此处喻西藏人头领。

⑩ 这个表述似乎表明，尽管碑铭的年份为1548年，但实际碑刻的时间应为1549年。

⑪ 此处继续沿用将汉朝的匈奴人喻西藏人，因为大漠将匈奴和中原分隔；狐狸和豹子象征入侵的蛮人。碑铭中的“绝沙漠”可与《前汉书》（第六卷第5页）中的句子“卫青复将六将军绝幕”(Wei Ts'ing)对比。

⑫ 意为300尺。此处明显运用诗歌夸张的手法。这个金碑极可能真实存在，并且刻有给将领们的颂歌。

⑬ “辨师”出自《书经》（《大禹谟》。理雅各，第三册第66页）。译注：原文正文中采用意译，并未出现“辨师”一词，但在脚注中出现并解释此词。译者保留原文内容。

波浪滔天，旌旗在太阳的照耀下映得东边和南边一片红。金鼓声如雷动，震得西边和北边微微摇动。我们的勇士运用谋略，更胜管仲(Kouan Tchong)①一筹；我们的人才给世人指明方向②，媲美吴孙③的睿智。我们消灭了四百个营地的狗和羊④；扫平了五千个城池的敌军。风带走了污秽的云朵，天地焕然一新。太阳照耀着阻挡道路的山川，高岗和河谷都十分
207 (645) 明朗。带着天下太平的喜悦⑤，我们回来禀明神圣伟大的君主。

(词牌)西江月⑥

将领们率百万英勇的士兵，奋勇杀敌如虎似鹰。他们来到高处，怒吼如雷。无论有何想法，谁敢无视他们的命令？北虏和西戎，这些豺犬违逆天地与神明。今日我们扫除一切污秽膻腥⑦，永享太平富庶。⑧

① 管仲，卒于公元前645年，是霸主之一齐桓公的辅臣。

② 此书被认为是管仲所著，因此命名《管子》。“是以明君立世。民之制于上，犹草木之制于时也。”译注：原文脚注可参《管子·君臣下第三十一》：“是以明君立世，民之制于上，犹草木之制于时也。故民迁则流之，民流(通)则迁之。决之则行，塞之则止。”

③ 吴起(Wou k'i)(卒于公元前381年)和孙武(Souen wou)(公元前6世纪)都著下兵书(参《司马迁史记》法译本，第五十五卷)。

④ 意指西藏人。

⑤ 此原文每句均七字，第1、2、4句韵脚为“西”“嘶”“迷”；第6、8句韵脚为“路”“渡”；第10、12句韵脚为“头”“收”；第14、16、18、20、22句韵脚为“櫜”“幕”“魄”“壑”“漠”；第23、24、26句韵脚为“丈”“将”“壮”；第27、28、30句韵脚为“红”“冲”“通”；第31、32、34、36句的韵脚为“营”“城”“明”“平”。

⑥ 这个标题在碑上的位置放得不好，因为看上去它和前面的段落相关。实际上，它是后面新文本格式的名称。这种文本被称为“词”，应该严格遵守它所选择的格式来断句和押韵。此处选择的词牌名是“西江月”(参《通报》，1911年，第746页)。

⑦ 经常写作“羶腥”。

⑧ 这首词的规定的每句话的字数是：6字、6字、7字、6字、4字、9字、7字、6字。一类韵脚是“翎”“霆”“灵”“腥”，为平韵；另一类韵脚为“令”“庆”，为仄韵。

(词牌)右调醉太平① 208 (646)

三年②去除邪恶蛮人，元首③以象牙槌擂鼓④。狗头⑤满地，尸骨堆积封山和嵎山⑥。士兵奋起杀敌，血流冲刷着战甲和□□□；尸横遍野，战马都难以插足前行。勇士们以顽强和谋略平定西边一隅，威名世代相传。

明嘉靖二十七年(1548)，龙集戊申年仲春吉日，镇西大将和紫金主 209 (647)
人⑦弹剑⑧而歌⑨。

B. 1561 年的碑铭

大功大胜克捷记

功绩未被记录，则无法建立声望。德行未能显现，则无法扬名。立下战功彰显忠君，德行高尚表明孝亲。忠君才能立功，孝亲才能德高。身居要职并且忠诚则可世享爵位，富有而孝亲则能世代为官。四海内外，忠君和孝亲皆是宝贵的品德，人人钦佩的行为准则。如果具备这些品行，富贵和荣耀将永世相传。天公怎会不全心全意保其万世太平？怎会不感动人们

① 碑文雕刻者在此处又犯了一个错误，将“右”这个调名和词牌名连在一起。实际上，调名是表示接下来的词所写的位置。我们可以与背后碑铭(参第 652 页)中同样以“醉太平”为词牌的词做对比。

② 根据《周礼·大司马》(*Tcheou li*)所述，皇帝即天子，拥有六军，一个大封臣有三军。丽江王自认为是大封臣。

③ “元首”一词出自《书经》(《益稷篇》。理雅各)，第三册第 89 页)，指君，而下属被称为臣。译注：沙畹注释的内容可参《尚书·益稷篇》：“元首明哉，股肱良哉，庶事康哉。”“元首丛脞哉，股肱惰哉，万事堕哉。”

④ 碑铭中的“枹”字表示鼓槌，在战斗中用它击鼓以振奋军心。参《左传·成公二年》。理雅各，第五卷，第 345 页。

⑤ 此处指敌人的头颅。

⑥ 封山和嵎山，位于浙江省(Tchö-kiang)，曾是汪芒氏管辖之地，在孔子时代此地尸骨遍地。参《司马迁史记》，法译本第五卷第 312 页。

⑦ 我不知道此头衔指谁。

⑧ 参《司马迁史记》，第七十五卷第 3 页“弹其剑而歌曰”。

⑨ 这首词的每句话需遵循以下原则：5 字、5 字、7 字、4 字、7 字、7 字、7 字、5 字。一类韵脚是“胡”“ 枹”“ 嵎”“隅”，另一类韵脚是“武”“路”“足”“古”。

的善心？

210（648）戊申年（1548），藏人土匪进犯毛佉各[1]，其地处临西县[2]。家严命令本人，即长子木高率勇士迎击番匪。同年八月初九（1548 年 9 月 10 日），我们到达利干毛（Li-kan-mao）[3]。太阳尚未移位[4]前，就击退番匪二十余万，势如破竹，削去匪军头颅两千八百多。然后，我催促士兵抵达矿租（K'ouang-tsou）[5]才班师回程。

胜利的消息上报三堂[6]。朝廷赏赐我金牌、金花、绫罗绸缎、牛及酒作为奖赏。

家严获赏木坚（Mou-kien）大胜庄[7]、阿喜（A-hi）[8]大胜庄，金一千两、
银一万两、各类锦缎丝罗各十对、金爵一只及金果篮一对[9]、金项链和金
牌一套。金牌上书“诚心报国”。另加金花一对、金带一条、戴金鞍辔的白
211（649）马一匹。

己酉年（1549）八月间，吐蕃再度侵扰昭可（Tch'ao-ko）[10]下辖的巴托（Pa-t'o）边界（属巨津州[11]范围）。本人木高奉命率兵迎战，到达巴托寨，粉碎蕃军，取首级千余，溺水身亡者无数[12]。我率军乘胜追击至干朵光

---

① 发音“Mao-k'ia-ko”也可行。在《木氏宦谱》中，毛佉各在第十四代和第十六代共出现两次。第二次出现时，前面还加上了“你那”，而“你那”这个词在许多村寨名字前都出现，比如“你那母来各寨”（《木氏宦谱》第十一代）、“你那巴罗岩瓦寨”（《木氏宦谱》第十二代）、“你那香各瓦寨”（同上）。我认为，“你那”是临西县下设一个地方的名字。

② 参第 613 页 4 ~ 13 行。

③ 《木氏宦谱》十六代提到的利干毛，仍属于你那地区。

④ 即太阳没有变化位置之前。是一种诗歌表达。可参后文“日初移”（沙畹原文第 652 页 8 ~ 9 行）。

⑤ 《木氏宦谱》“十四代”中，此地名写作“矿粗”。

⑥ 极可能就是云南省的高级行政部门。

⑦ “大胜庄”应该是诗歌表达。我推测，这个表达是指此地有重要的战略位置。

⑧ 地名“阿喜”沿用至今，位于丽江西北部，也就是我们从巴塘出发渡金沙江的地方。参看前文“线路 A”（沙畹原文第 588 页注释 3）。

⑨ 可能就是糖果盒。

⑩ 地名“昭可”在《木氏宦谱》中亦写作“照可”，并出现多次（第十一代、第十二代、第十三代、第十七代及第十九代）。因它常用于许多村寨名之前，我推断它指一片较大的区域（参第 621 页注释 6）。在《木氏宦谱》“第十九代”中，我们可找到与照可相关的地名巴托。

⑪ 距丽江西北 300 里。

⑫ 这意味着此地应在金沙江流域。

（Kan-to-kouang）等地。平定此处后，即安抚百姓，移师返回。

将此战绩再度上报，获得与第一次相似的奖赏。家严也获同上次一样的奖赏，士兵们也得到犒赏。

家严说：“仁者无敌[1]。运筹帷幄，决胜千里[2]。”木氏世代为明朝藩篱，是滇[3]南的富庶祥和之地。鸡犬不惊，军民共享太平，难道不归功于 212（650）
木氏？为了表明忠诚，寝食不忘忠君之事，我的子孙后代将永远佩戴皇帝御赐的金带，上面有浮雕花朵和“诚心报国”[4]字样。木氏子孙将世代守卫丽江。它的威严如北岳山高，南海水阔。以此石刻提醒后人。

诗篇这样写道[5]：为了诚心报国，勇士们佩带宝剑。舞剑两次，风雨交加[6]；舞剑一次，妖魔藏匿。在宝剑威名之下，边疆安宁。宝剑寒光闪闪，如牛宿和斗宿散发的光芒。石门[7]紧锁，木家世代做伟大明朝[8]的屏障。 213（651）

（词牌）醉太平[9]

我们为辉煌的战役写下颂歌[10]，愉快地写下太平词[11]。三军[12]在讨论个

---

① 此句出自《孟子》（*Mencius*）。译注：沙畹注释的内容可参《孟子·梁惠王上篇》：“父母冻饿，兄弟妻子离散，彼陷溺其民，王往而征之，夫谁与王敌？故曰：‘仁者无敌。’王请勿疑！”

② 这句话模仿《司马迁史记》（法译本第二卷第383页）高祖语句：对于在帐篷中决策并能取胜千里之外，我不如子房。译注：沙畹注释内容可参《史记·高祖本纪》：“夫运筹帷幄之中，决胜千里之外，吾不如子房。”

③ 我们知道“滇”是云南古王国的名字。

④ 据《木氏宦谱》所载，“诚心报国”是皇帝诰书给木高并把这四字刻在木高腰带上以传后人的。

⑤ 根据《司马迁史记·汉高祖》（法译本第二卷第278页），这首诗似乎在中国历史上，即汉高祖时期是伴随着舞剑吟诵的。

⑥ 按原文直译是“非常忙”。我认为是指宝剑有魔力，能控制自然元素，具有超自然的能力。

⑦ 参第604页第6行及其后。石门是用来抵御西藏人入侵的关隘。

⑧ 这首颂歌的韵脚是“佥”“垫”“掞”“坫”，均为去声，与“艳”押韵。

⑨ 参第646页注释5。

⑩ 碑铭中的“品题”指对画作或艺术作品做出评价。此处应是对前文读到的诗文的评价。这首诗实际上是前面诗文的附件。

⑪ 就是指我们正在读到的这首词。

⑫ 参第647页注释1。

人功绩时，场面罕见盛大。锦服①前后都十分美丽，南北的绣袍也相得益彰。红色的旌旗映着初升的太阳②，欢乐的歌声传百里之外③。

嘉靖四十年(1561)，龙集辛酉年九月吉日，丽江军民府世袭土知府受诰书升职，官居三品，位列九卿，另授亚中大夫。□□□，木高，于木家
214 (652) 世袭宅院□□。

① 此处和下句一样，都是指犒劳将士们的奖赏。

② 旌旗的红艳可与初升的太阳相媲美。参第 649 页注释 2。

③ 和 1548 年碑铭中的作品一样，都选择同样的词牌(参第 646 页注释 5)，后面的句子都要遵循以下规律：5 字、5 字、7 字、4 字、7 字、7 字、7 字、5 字。一类韵脚是“诗”“词”“时”“移”，另一类韵脚是“美”“丽”“气”“里”。

附 注

正如我们在前文中所看到的(第 644 页第 11 行及注释 7)，1548 年的碑铭中提到的是 1548 及 1549 年[①]发生的事件。这成了第 643 页第 4 行所提到的问题。同样是这两件事，一件从第 649 页第 3 行开始提到，另一件从第 650 页第 1 行起提到。显而易见，1548 年的碑铭其实无法提及 1549 年才完成的事。我们自问：是否 1548 年仅仅是写颂歌的时间？或者正反两面碑铭都是 1561 年才刻成？我认为不是这样。这是因为在 1561 年刻成的碑铭中，木高就 1548 年和 1549 年战事多次提到自己“严父”的命令；而第一份碑铭中，丽江王则是自己颂扬自己的功绩，没有颂扬自己的父亲。因此，1548 年到 1549 年在丽江执政期者为木公，也就是木高的父亲。综上所述，我认为，1548 年的碑铭实际上是于 1549 年或稍后由木公所刻，而 1561 年的碑铭则是木高所刻。

215
(653)

① 第 624 页第 12 行。这些事件被误记为 1547 和 1548 年。

插页二十九

石鼓 1548 年碑铭

插页三十

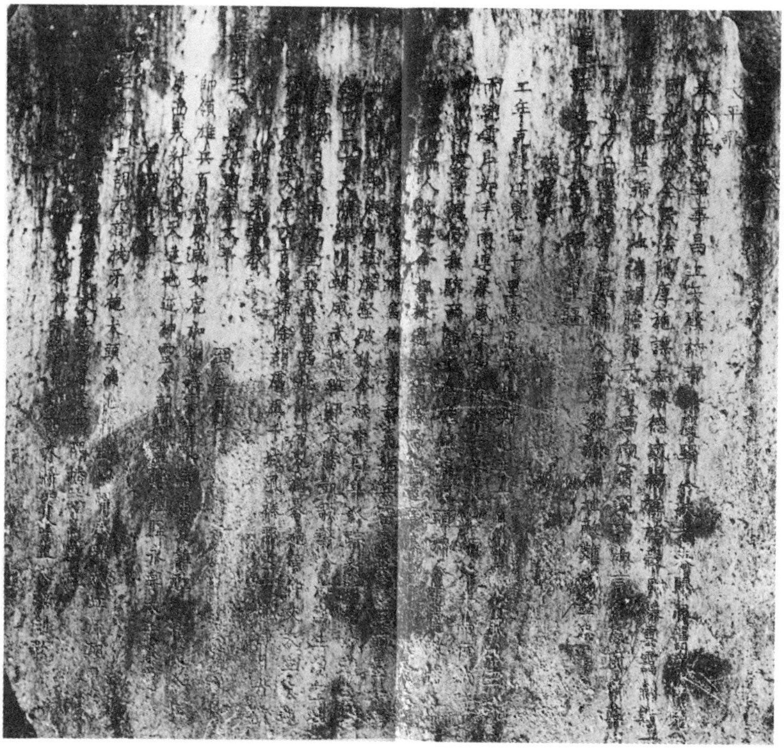

1548 年碑铭

太平歌

奉命征戎事事昌。上天曆福有餘慶。野人扶老來歸服。舊庶携兒覩
國光。戒殺全民陰隲厚。施謀大勝德威揚。旌旗蔽日綵雲靄。劍戟下
血寒鋒芒。號令北催胡膽落。干戈西向虜魂亡。淑言化處風行草。俊
驍巡方日照霜。勇畧如神人莫測。貔貅滿地敵難當。盡忠
聖主寧邊境。永鎮烏師萬里疆。

破虜歌

二年克捷江東西。千里萬里戎馬嘶。地寒六月氷霜凍。風烈三秋霧
雨迷。雪片如手雨連暮。風吹如箭氷凝路。氷路傾沙牛馬行。賊蹄行
行向南渡。南渡侵我臨西陲。天兵雄鎮臨西頭。號令電霆敵膽落。旌
旗墜地無人收。逩命相扶過江行。鞍馬空還棄粮槖。胡服○囊滿戰
場。從軍爭裂何奴慕。制匈倒戈失卻魂。驅兵雷震單于魄。頭壘如山
血如河。鐵甲藤盾塡溝壑。破狄今經申酉年。狐踪豹跡絶沙漠。金碑
鑄高三十丈。深銘明朝威武將。班師大勝凱歌聲。滄海波生湧空壯。
旌旗映日東南紅。金鼓轟雷西北冲。男兒施畧過管仲。丈夫立世武
孫通。殄滅犬羊四百營。掃除胡虜五千城。風捲邪雲天地淨。日升横
嶺山川明。歸來報我
聖明主。○與堪輿樂太平。 西江月

帥領雄兵百萬。威滅如虎如貙。搏霄哮吼若雷霆。誰敢縱横慢令。北
虜西戎。豺犬逆天逆地逆神靈。今朝掃盡此膻腥。永享太平餘慶。

右調醉太平

三軍斬惡胡。元首杖牙槍。犬頭滿地積封嵎。躍威躍武。血流飄甲○
○路。尸横絆馬難舒足。丈夫勇畧定西隅。播聲名萬古。

大明嘉靖廿七年龍集戊申仲春吉日。鎮西大將、紫金主人、彈劍歌。

插页三十一

石鼓 1561 年碑铭

插页三十二

1561 年碑铭

大功大勝克捷記

功不著不足以成名。德不顯不足以立身。蓋功忠於
君也。德孝於親也。惟忠可以懋功。惟孝可以懋德。貴而能忠保其世爵。富
而能孝守其世官。四海中外忠孝大節。卓爲天下軌由。於是福祚
光輝榮華。繩繼世不歇。天豈不創久之逸志乎。豈不感人之善心
乎。戊申年因蕃賊出掠臨西縣地方毛佉各。
嚴君令長子木高率領勇兵殄賊。本年八月九日到利于毛。日不挪移將
退賊兵二十餘萬。獲賊首級二千八百餘顆。如破竹然。驅兵秪至
礦租方還師。備達三堂上司。賞賜金牌金花綵段牛酒勞諮。我
嚴君賞賜木堅大勝庄阿喜大勝庄。金壹千兩。銀壹萬兩。羅段紗紬絹等
樣拾對。金爵壹隻。金菓盒壹對。誠心報國金牌項圈全壹付。金花
壹對。金帶壹束。金鞍轡白馬全壹付。己酉年八月內達賊吐蕃又
掠巨津州地方昭可巴托界。又令高再領雄兵。秪至巴托寨。遂破
賊兵。獲賊首級壹千餘顆。水死者無數。引兵克至于衆光等處。安
靜地方。撫字人民。然後還師。再備達上司。如前賞賜。
嚴君亦如前賞賜犒勞諮。我
嚴君所謂。仁者無敵。運籌幃幄。决勝千里。木氏世世代代爲
明國藩籬。一方重鎮。滇南雞犬不驚。軍民安妥。聊有頼歟。以表人臣丹心
寢食不忘之意。予子孫孫束此
剌賜。誠心報國。起花金帶。世守麗江。巍巍然如北岳之高。洋洋然如南海
之遠。銘石于此。以遺後裔。詩曰。誠心報 國家。男兒佩寶劍。雙揮
風雨忙。獨舞鬼神墊。豪氣邊疆寧。寒光牛斗揆。石門鎖鑰堅。世作
大明坫。 醉太平。
品題大勝詩。欣作太平詞。三軍頻論得功時。甚奇甚美。錦衣前後
皆華麗。繡絕南北俱和氣。旌旗紅映日初移。凱歌聲百里。
嘉靖四十年龍集辛酉九月吉日。麗江軍民府世襲土司奉受
天誥特陞。官居三品。位列九卿。加授亞中大夫
○○○木世家木高下○

插页三十三

图1　第一代——爷爷

插页三十四

图2　第二代——年保阿琮

插页三十五

图3　第三代——阿琮阿良

插页三十六

图4　阿良阿胡　　图5　阿胡阿烈

图6　阿烈阿甲　　图7　阿甲阿得

插页三十七

图8　木　初　　图9　木　土

图10　木　森　　图11　木　嵚

图12　木　泰　　图13　木　定

图14　木　公　　图15　木　高

插页三十九

图16 木 东　图17 木 旺

图18 木 青　图19 木 增

插页四十

图20　木　懿　　图21　木　柚

图22　木　尧　　图23　木　兴

插页四十一

图24 木 钟 图25 木 德
图26 木 秀

索　引

（数字系法文原版页码，在本书中为不带括号的边码。）

① 译注：根据索引页码，原书正文中均为 Lang-k'iu，但此处写为 Long-k'iu，此处保留原书写法。

① 译注：原书第 7 页中拼写为 Lout-zes，第 13 页中拼写为 Lou-tzes，索引中写作 Lout-tze，此处保留原书写法。

① 译注：原书正文中写为 Song-p'an-tin，但此处写为 San-pan-tin，此处保留原书写法。

① 译注：原书正文中写为 Yang Cheng-ngan，但此处写为 Yang Chang，此处保留原书写法。

（原书此处有地图一幅）

后 记

2005年10月，西南民族大学承担了国家民族事务委员会下达的包括《纳西族简史》在内的20多部民族简史的修订任务。《纳西族简史》修订组成立后，于2006年11月起，对1984年出版的《纳西族简史》第一版的内容进行了全面修订。就在这部民族简史修订工作启动之时，主持修订工作的赵心愚教授提出了组织力量翻译西方著名学者巴克（Jacques Bacot）所著《么些研究》的建议。这一建议提出后，很快得到学校民族研究院领导及相关专家学者的支持。之后，在按计划修订《纳西族简史》的同时，赵心愚教授就翻译《么些研究》一事进一步征求了著名民族学家李绍明（2009年去世）、中国作家协会党组书记白庚胜先生等专家学者的意见。多位专家学者认为，《么些研究》为西方学者较全面系统研究中国纳西族及其文化的第一部学术著作，在东西方学术影响都较大，将其译出很有必要。同时，专家学者们对此书的翻译也提出了一些宝贵意见和建议。在正式决定组织力量翻译前，赵心愚教授又多方进行了解，确认《么些研究》不论在中国大陆，还是在中国台湾地区均一直无汉译本出版。

从资料上看，《么些研究》1913年正式出版后，不久就流传入中国，国内一些著名学者曾在其论著中谈及此书。但是，由于出版已近百年，还有其他种种原因，此书在中国已十分难觅。可能中国大陆某个图书馆仍藏有此书，但通过一般的方式和渠道，也难以获得。2006年7月，赵心愚教授委托赴欧洲做访问学者的西南民族大学教授蒋彬在国外寻访这部名著。蒋彬教授通过多方努力，终于在国外寻得此书，带回国内。之后，在翻译过程中，我们两次发现带回的这部著作中有缺页，赵心愚教授又委托在欧洲学习的其子赵长名以及翻译此书的法语青年教师木艳娟将缺失页补齐，确保了此书的完整。

《么些研究》的翻译任务由留法归国的西南民族大学文学院副教授宋军与外语学院纳西族法语青年教师木艳娟二人承担。由于从法文译成中文已有相当难度，再加上此书涉及大量历史地理方面的内容及纳西族宗教语言文字，翻译的难度非常大。译文第一稿出来后，我们将其送有关专家学者审读并征求在成都的纳西族学者的意见。由于这项工作做得比较细，花了比较多的时间。在这样的基础上，译者再次研读原文，主要由木艳娟译出第二稿。我们又将译文第二稿分送相关专家学者审读，请多位专家学者提意见。长期居住在成都的懂中文的法国朋友李安先生也应邀全面看了译文，并提出了一些重要的建议。综合多方意见，两位译者及担任审校工作的纳西族学者白郎、和继全等又对译文第二稿做了不少修改，并适当增加注释。全书翻译工作结束时，时间已是2013年5月。

我们首先要感谢已故著名民族学家李绍明先生及著名纳西族学者白庚胜先生和杨福泉先生。李绍明先生在对《纳西族简史》的修订提出指导性意见的同时，对翻译《么些研究》一书给予了充分肯定和热情鼓励。白庚胜先生在得知我们准备组织力量翻译《么些研究》时，就表示要大力支持，而且对全书做了全面、细致的审定。杨福泉先生非常关心《么些研究》的翻译工作并给予了热情的指导。他在百忙之中抽出时间审读全书译稿，针对译稿中的一些译法及表述问题提出了多条宝贵中肯的意见和建议，并欣然为《么些研究》汉译本写代序。三位先生的关心、支持和指导，既增添了我们的信心，也确保了译文的质量。

我们要感谢西南民族大学民族研究院的多位领导，《么些研究》的翻译工作，自始至终都得到了他们的热情关怀和大力支持。在翻译过程中，民族研究院的领导多次主动了解翻译工作的进展并提出帮助解决一些具体困难。正是由于有了这样的关怀与支持，翻译工作才得以顺利进行并最终完成。感谢旅居荷兰的赵磊先生协助查找了原书电子本和作者信息以及咨询了相关版权问题。

在这几年的时间中，四川、云南、北京等地的纳西族学者及有关方面的研究者、关注者，或提出建议，或与译者、审校者及我们一起讨论《么些研究》翻译中涉及的有关问题，或在资料方面提供帮助。在此，我们一并致以诚挚的谢意！

人文社会科学学术著作的翻译难度很大，加上《么些研究》一书内容丰富，涉及几种语言文字，翻译的难度就更大。由于我们的学科知识水平及认识有限，加之时间较紧，译文中不可避免地存在一些欠妥之处，甚至错误，敬请读者批评指正。

最后，谨向对本译本的出版给予大力支持的云南大学出版社表示由衷的谢意！

西南民族大学纳西族历史文化研究所

2013年12月于西南民族大学